悟道

前言

「覺悟」，是宗教的目的所在。

在這個詞中演繹了何等的內容，以及樹立了何等的方法論，可以清楚顯示出宗教家的真實價值。

對於「覺悟」之探討，我曾在各地做了淺顯易懂的講演解說，本書即是這些演講的集結。就這個意義而言，這是一部易於理解的悟道入門書。

本書第一章講述了許多人非常關心的死後世界。第二章揭示了正確的宗教應有的樣子。在第三章中，針對追求悟道的問題，從「心的發現」、「心的平靜」和「心的展開」等方面做了講解。隨後，在第四章中，從科學的見地對靈性人生的構成，試做了說明。

雖然本書還只是「悟道」上的一個入門導引，但在內容上卻令人回味無窮。

幸福科學總裁
大川隆法

前言　3

第一章　天國與地獄

一、真正死亡的瞬間　12
二、死後靈魂的三個種類　22
1．無法踏入靈界旅程之人　24
2．徑直陷入地獄之人　26
3．一般之人——「引導之靈」會前來　29
三、進入靈界旅程　33
1．前往冥河　33
2．冥河灘　35

目錄

3．渡冥河的方法 38

4．映出生前樣貌的螢幕 44

5．前往與心念相對應的靈界 48

四、老年、壯年期的生活方式 54

1．和顏善語與慈祥之眼 54

2．斷卻對世間的執著 56

第二章　宗教改革精神

一、覺醒不同宗教之別的時代 62

二、基於「三密」的正確修行 69

1．身——健全的肉體生活 69

2．口——言語的協調 76

3．意——對心的控制 78

4．自負責任的原則 84
三、「三界」與輪迴轉生 92
四、地獄諸相 99

第三章　邁向覺悟之道

一、「探究正心」之道 108
二、心的發現 112
1．發現本來的自己 112
2．愛和善 115
3．四個精神作用——感性、知性、理性、悟性 119
4．墨子的愛善觀 125
5．心之偉大 129
三、心的平靜——反省之心和不動心 131

四、心的發展——希望和勇氣 138
五、名為覺悟的幸福 146

第四章 人生修行之路

一、高級靈眼中的世俗世界 150
二、活出主體的人生 157
三、靈性指導與附身 164
四、透過學習真理補充光能 168
五、現代的佈教方式 177
六、以提升宗教界為目標 183

後記 189

第一章

天國與地獄

一、真正死亡的瞬間

本章以「天國與地獄」為題，將談及在佛教教義中占據了重要位置的「生老病死」中，有關「死」的問題。首先我會從「老」開始談起，隨後再進入有關「死」的問題，主要以靈魂世界為中心展開論述。

人的生命，不是隨著肉體的消失而滅亡的。人的靈魂宿於肉體之中來到人世間，在肉體死亡之後便脫體而出，重返靈界。

靈魂離開肉體所需要的時間是不同的，雖然有的人死後當天就離開肉體，但多數人因為還沒有自覺到自己已死，所以還不會立即離開肉體，返回靈界。

如果某人在長期臥床不起的狀態中死去的話，其靈魂是不容易離去的。因為，這個人在接下來的一段時間裡，會感到自己仍處於病態的延續中。當聽到有人說自己已經「臨終」的時候，他會想：「我這不是活得很好嗎？」因此認為別人是在胡言亂語。當醫生來檢查自己的瞳孔時，還能夠感到燈光刺眼，可是診斷的結果卻是：「瞳孔已經擴大了，心臟停止了跳動……」等。

此時自己還會感到心臟在跳，但其實那是心臟的靈體還在跳動，但此人還不知何故，心想：「心臟還在跳，頭腦也還清醒，怎麼能說腦波停了呢？這是醫生的誤診啊！」

就像這樣，一般人很難察覺到自己的肉身已死，會感到周圍之人的表現很奇怪，覺得醫生的診斷有問題。所以人在剛死不久時，靈魂仍舊保持著肉體的形態未離體，難以自覺到自己已死。

當家人聽到自己已臨終了，趴在自己的腹上痛哭，此人還會埋怨自己的家人：「既有此番深情，何不早點表達？」但是，此人漸漸地就能夠發覺，根本沒人能聽到自己說的話，且發現自己的身體已經無法動彈了。

在親友為了準備守靈和葬禮等事宜聚集到靈堂的時候，有點概念的人，雖然還不能十分明白，但會漸漸察覺到自己或許真的死了。但那些完全沒有自覺到自己已死之人，會堅信自己還活著，反認為別人在發瘋。看到別人在籌備葬禮時，把自己的照片放進黑色相框、擺在靈台上，就會想：「在開什麼玩笑啊！我還不想死呢！」等等。

在這段時間裡，靈魂還會進出於肉體，浮遊於房間當中。有時浮遊得過高還會有恐懼感，想要回到肉體。

當自己的遺體入棺，被靈柩車送到火葬場的階段，靈魂大多會開始游離出肉體，但大多數的人認為肉體被焚燒後就不能復生，所以就會拼命地說：「不要燒啊！」然而，此人的家屬都尚有自己的工作等要去忙，所以會希望能夠早些辦完喪事。偶爾有人會這樣想：「既然死了，就趕快在今天火化吧！」、「既然要死，為何不在假日前死呢？」等等。但是，若是太早火化的話，靈魂還會想回到肉體，所以反倒會讓此人產生執著。因此，此人會想要動一動身體，來證明自己還活著。

所以，遺體在入棺後有時能聽到「吱吱」的聲音，也有時在火化的時候，偶爾會聽到「不要燒啊！」、「啊～！」的聲音，這就是靈魂返回肉體的證據。

從醫學的角度雖然是已判定死亡，但是從宗教的觀點來說，那還不是真正的死亡。

人的頭部後方有一條銀色的「靈子線」，連結著靈魂與肉體。所謂「幽體脫離」現象，即是指靈魂離開肉體，因還連接著靈子線，所以肉體還不會死亡。這條靈子線可以無限延伸，只要靈子線未斷，靈魂就能重返肉體。然而，若是靈子線斷了，就無法再次返回肉體了。若是此人對肉體有強烈的執著，也只能做附身靈附身於其他人身上。

「靈子線」並非是我首先提出來的，在久遠之前就被發現了。希臘蘇格拉底的時代亦有所發現，蘇格拉底經常和自己的守護靈戴蒙（Daimonion）進行交談，曾經探討過有關靈子線的問題。對此，一個名叫普魯塔古斯（Plutarchos）的人寫過各種評論，文中曾寫到：「靈魂由一條銀色的線連接著肉體，它從後腦延伸出來，能夠無限地延伸，靈魂可以進出肉體。」在二千年前就有了如此的論述，可見先人已熟知這個道理。

綜上所述，所謂真正的死，並非是指肉體機能的停止，通常還要花一天左右的時間，才會是真正的死亡。那些因為不想死而躁動的人，則需要花更久一點的時間。有些人在死後，其遺體變得僵硬，難以入棺，那就是其靈魂尚處於驚恐狀態，不願離開此世的證據。此人還在拼命地硬撐：「我還不想死！把我放進棺材裡，不就要被火化了嗎？我不要啊！」

有很多人在感到如此空虛的情況下，肉體被火化，因而狂亂地回到家裡向家人抗議：「你們真是沒血沒淚啊！我死了就這麼值得高興嗎？這麼快就想要把我殺了啊！不是應該再照顧我一、兩個月嗎？」等等，可是沒有人能聽見他講的話。

此外還有一種人，雖然知道自己已死，但對親屬所辦理的喪事感到不滿。「這也未免太偷工減料了吧！」、「未免太過於省錢了吧！」等等。我還聽過這樣的事，某人死後，他的親屬覺得反正是要火葬的，給他穿什麼衣服都無所謂了，便在大冬天的季節換上了夏天的服裝。到了晚上，親屬中有人夢見死者來到了床邊，對他說：「天氣太冷了，請給我加一些衣裳吧！」這才使親屬們手忙腳亂地為死者換了冬裝。

就像這樣，如果親屬在喪事上顯得吝嗇小氣的話，死者是很清楚的。通常死者到最後一刻都還無法放下對世間的事，所以死者的親友即使是談喪事，也還是把死者當成仍在場旁聽一樣對待為好。如果認為人死了就聽不到了，便說死者生前的壞話，死者的靈魂就有可能出來抗議，或興起一些惡作劇。

常常聽說過去古老的建築，有時會發生一些奇怪、令人不解的現象。譬如，房屋後門忽然無緣無故地發出「吱、吱」的聲音，敞開一、二十公分的門縫；或者是屋內佛壇上的東西忽然掉下來等等。

就像這樣，各位在各種場合對於靈界、靈魂之存在，一定有著不同程度的實際感受。但有如此感受的人必定還是少數，把這種經驗講給那些沒有經歷過的人聽，那些人聽了也僅會覺得：「真的有那種事嗎？」

所以，雖然每一個人對於靈魂、靈界的存在，都有某種程度的體驗，但若講給別人聽，通常他人都無法理解你所說的，所以人們大多會把這種事放在心底。然而，實際上有很多人是累積了許多如此的靈性體驗。

二、死後靈魂的三個種類

人死後，靈魂究竟何去何從呢？

過去就傳說人死後要做「頭七」、「七七四十九天」等等。因為一般來說，在肉體死亡後的最初七天左右，靈魂還是會徘徊在自己住處附近，總想與家人說話，不願離開這世間的家庭。在醫院病逝的人中，有不少人在死後仍然把自己當作是病人，如果看到有人使用了自己生前的床位，還會生氣地說：「你這傢伙不要躺在我的病床！」、「不要用我的點滴！」這種不願意死的人，會一直徘徊在醫院裡吵鬧、抗議。

人死後的一個星期左右，亡靈經常會把自己肉體死去的場所，作為活動的中心。

方才有提到七七四十九天，就在這死後大概不到兩個月左右的時間裡，亡者的靈魂要前往何種世界、過什麼樣的生活，大概就在這段期間內決定。就在這幾十天的期間內，亡者死後的去向大致上就決定了；有人把這段期間稱為「中陰」或「中有」。在這段期間，靈魂尚未回到死後的世界，還存在於世間和靈界的中間區域。

之後，靈魂的去向會分為三種類型。

1・無法踏入靈界旅程之人

首先這是一種無法踏入常規性靈界旅程的類型。此人生前持有著唯物論的價值觀，堅信只有世間的物質世界，絕對不承認還有死後的世界，被如此特定的信條、思想完全侵蝕了。

這和世間的身分、地位完全沒有關係，即便是科學家，也有人認為：「靈界之說是迷信之說，不值得相信。」有些哲學家也是如此認為。就像這樣，生前絕對不相信有死後世界的人，死後照樣還是不相信，所以肉體被火化之後，無法理解為何自己還存在著，進而變成「地縛靈」。所謂「地縛靈」，就是因強烈的執念把自己束縛在某個特定土地、建築物，或死亡之地的靈魂。正因如此，這樣的靈魂無法踏上靈界旅程。而此人因為認為自己還活著，所以想向家人證明自己還存在著，因而讓家人連續遭遇許多不幸。

或者是，第二種不能進入常規性靈界旅程的靈，是指在異常狀態下死亡的人。在極度痛苦的阿鼻叫喚狀態中死去的人，因為其精神狀態處於完全無法思索的麻痺狀態，所以此人沒有察覺到自己已死，甚至連自己的葬禮已經舉行也不知道。這樣的意識狀態，長者能延續十年、二十年、三十年。有人因為肉體死亡時正處於疾病的末期，極度地痛苦，導致沒有思考問題的餘力，持續處於生病時的痛苦心境。這樣的人，也是無法踏入靈界旅程的。

2．徑直墜入地獄之人

此外，還有一種典型的種類，那就是生前過的是惡人的生活，盡是發出惡性的念頭、做出惡劣行徑的人。這種人在活著的時候，其心已和靈界的地獄靈相通，導致有四個、五個，甚至更多的地獄靈附於其身，造成了世間生命結束後，完全無法踏入靈界旅程，徑直地墜入地獄深淵；或許這樣的人在現代人中占了約十分之一。

用「墜落」這個詞來形容是恰如其分的，就在此人還搞不清楚發生了什麼狀況時，就頭下腳上地墜落於完全黑暗的井裡。雖然此人完全不曉得發生了什麼事，但至少知道自己落入一個深淵。雖不曉得墜落得多深，但會彷彿覺得好像墜落到了地球的中心，有種墜到一個無限深處的感覺。

若再進一步區分，如此墜落者可分為兩類。一種是陷入黑暗，什麼都看不到的人；一種是一邊看著週遭的世界，一邊墜落的人。死後還在醉生夢死的人，是什麼都看不到的；而有些人多少還有些餘裕，可以一邊看著許多地獄的光景，一邊往下落。現在有許多透明電梯，此人就好像搭著那種猛往下降的透明電梯一般，看著外面的光景，心想：「如果在這裡停下，自己還可以忍受。」但還是一股腦地往下落，心想：「落到這兒就差不多了吧！怎麼還不停啊！」可是還是一直往下墜落。

這兩種人均到了無可救藥的地步，若不想變成這樣的人，就必須在生前學習佛法真理，早點覺醒才行。若是對真理完全無知，將會是束手無策的。

或許有人覺得這種說法不可信，但就當作是應付也好，哪怕是只讀一本，希望各位能讀一讀我寫的書；哪怕是只有聽過一次，希望各位能聽一聽我的講演，並且把這些內容放在心裡。好讓萬一自己真的落入地獄時，還知道自己為何會墜到地獄。「啊～！這好像以前有聽過！原來自己是壞人啊！」屆時自己就能夠了解，落入地獄後，再做狡辯是無濟於事的。那不是自己的錯覺，而是實際會發生的事。

所以，做為日後的對策，最好在還活於世間的時候，能夠和佛法真理結上緣。

上述類型的人，在世間是占有一定數量的，這些人就是各位在傳道時，感覺到很困難的人。在向這些人傳道時，會感覺到自己好像被石塊打到頭一樣，一整天覺得不對勁，什麼都沒辦法做。這種人大概就是以上兩種類型的人，但是對他們不可感到厭煩，而應該要抱有憐憫之心。

3．一般之人——「引導之靈」會前來

對一般的人來說，死後的情形與上述不同。

通常人死後的最初一星期左右，會徘徊在自宅附近，還想過自己平常會過的生活。

譬如，若是早上鬧鐘不響，此人會想去催自己的家人起床，並說著：「不是已經早上了嗎？還在幹什麼快點起床！」並向妻子說：「還不趕快做早餐，我快要遲到了！」之後還會想要提著公事包去趕車。因為還留有之前的習性，所以還會想要做相同的事；如此情形大概會持續一個禮拜。

在這一個星期左右的時間裡，會有「引導之靈」前來。所謂「引導之靈」是指最適合說服此人之靈。只不過死法比較異常的人，還需要多一點時間，待此人意識的覺醒，故會稍微有一點困難。引導之靈多是早先往生的親友，最多的是自己的雙親。通常雙親會比自己早先往生，大部分的情形是自己的雙親會前來，或者是已經往生的親友、兄弟姊妹等。

只不過，若這些人是落入地獄的話，就無法前來迎接了。會前來迎接的，通常皆是回到天國的人；那些落入地獄當中的雙親，反倒還希望此人能到地獄將他們迎接出來呢！

當此人遇到了比自己早逝的人後，就會逐漸感覺到自己已經死亡了。剛開始會以為是自己的錯覺，覺得似乎有誰在欺騙自己，但漸漸地就會發現是真的。

引導之靈前來迎接之後，專門引導人們的專家不久後即會前來。依循亡者宗教觀的不同，前來的人多少就會有所不同。如果是相信佛教的人，就會出現像僧侶一樣的人；如果是基督徒，就會遇

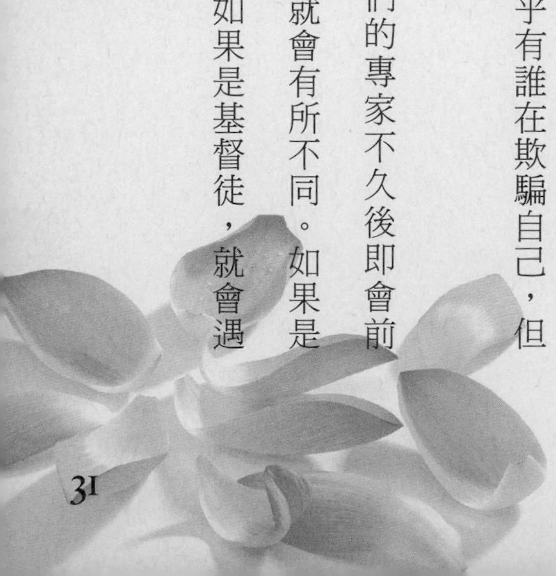

到像天使一樣的人，這些人會親切的說：「跟我來吧！」

屆時，會感覺到自己彷彿穿過了家中屋頂，飛到了天空。人的靈體本來就是自由自在的，但由於此時還殘留著肉體的意識，所以還會害怕飛在空中的感覺。因此，專門的引導之靈必定會在旁邊，拉著此人。

三、進入靈界旅程

1．前往冥河

就在上升了一段時間之後，四週的景色開始逐漸變化，不同的民族，會看到不同的景象；如果是日本人的話，會看到山景。不知何時，引導之靈就會不見蹤影，此人即會發現自己一個人站在山麓或荒野上。向前望去，眼前展開的是非常廣大的風景，比世間的風景，還要廣大許多。立身於其中，會感到極度的不安。

此時，一看自己的身上，會發現自己穿著與生前完全不同的衣服。有時這衣服是白色或藍色，像古式的便裝（在一張布上打個洞，頭部穿過洞口，繩結做腰帶）。生前講時髦的人，對此會很不滿意。

在火化的時候，衣服應該都被燒盡了，但很不可思議地，在靈界當中鮮少有人赤裸著身體。那是因為每個人還留有著自己應該穿著衣服的意識，所以在靈體外側的幽體部分，會將這種衣服的意識自然顯現出來。

在這段過程中都是一個人在行走，每個靈會看到不同的景象，多數的靈會走進杳無人煙的山麓或原野。繼續走下去，一般會遇到一條河，即「冥河」。

有許多人經歷過死後復生的瀕死體驗，在這瀕死體驗中，大都到過這條冥河邊。就在猶豫著是否要渡過這條河的時候，聽到有人在身後呼喚自己，因而回頭而生還。如果渡過了冥河，就無法再回到世間了。八成左右的人，死後應該都會看到冥河。

生前生活在城市或鄉下之人，會因其生前的環境而看到不同的冥河景象，靈界當中的河川多少會有所不同。

2．冥河灘

走向冥河時，會先經過冥河灘，隨後的情景則是因人而異。曾有喪失幼子的經歷，或做過人工流產的女性，就會在這條河灘上看到有個小孩之靈在遊戲。但不知為何流產之時，還是胎中嬰兒，此時卻已長大，約有三、五歲的樣子，並且自己會和這小孩相遇。很不可思議地，自己可以知道這是自己的孩子。或者是小學時期就身亡的孩子、令人感到痛心的早夭的孩子，都會在這冥河灘上出現。

為什麼孩子會出現在那裡呢？那是因為小孩子無法判斷自己已經死了，不曉得自己究竟變怎麼樣了，不曉得該怎麼是好，其意識還和世間父母親的意識相連接，沒有渡過那冥河。

就像這樣，有很多孩童之靈尚未回到靈界。既不能渡冥河進入靈界，又不能返回人世，進而徘徊於冥河邊。

有些女性喪失幼子，或者有些人不相信有靈界、靈魂的存在，進而進行了人工流產，但就算是因為經濟因素而做，但孩子的靈終究還是在遂行原本的人生計劃之前而死亡。於是，就會在此處遇見已經長大到三歲或五歲左右的孩童。令人感到不可思議的是，雖然彼此是靈魂，但不管自己是如何呼喚自己的孩子，對方也聽不見。那是因為幼小時期就離開了父母親的孩子，幾乎是處於自閉狀態，所以聽不見呼喚，只是一個人靜靜地堆著河邊的石頭。

因此，父母親持有宗教之心是非常重要的，否則是無法引導小孩子的。若父母親都不知道的事，孩童就更不明白了。所以，若是曾喪失過幼子，或者是曾做過流產手術的人，必須要對孩子們發出思念，希望他們能回到靈界，好好地過幸福的靈界生活。若對方是大人那就另當別論，但小孩子是不曉得這個道理的。

打從這個階段，生前的反省已經開始進行了。

3．渡冥河的方法

漸漸地就會靠近冥河，冥河的清澈度因人而異，有人會看到混濁的河川，或者是似血池一般，或者清澄見底，或者汙泥重重。但不論怎麼樣，自己都知道自己必須要渡過這條冥河。每個人都會想：「到底要怎麼渡過這條河啊？真的能渡河嗎？」但終究還是覺得必須要渡河，進而試著採取行動。

渡冥河的方式有幾種方法，此時自己是用何種方式渡河，大概就會知道自己在渡河之後，會變成什麼樣子。

若是預測到自己渡河之後情況不妙的人，大多都是載浮載沉地渡河。自己彷彿快被河水吞沒、氣息奄奄，雖然不會被淹死，但此人會覺得自己快要被溺死，拼命地掙扎游過冥河。若在此時往河底一看，就會看到有很多東西落入了河底。在渡過冥河的時候，名片、存摺等等生前的各種執著，會沉到河底。其實，這些不是三次元的物品，而是此人的意念所幻化出的東西落入河底。當看到自己的名片、金錢等不斷失落的時候，雖然想要捕撈，但還是完全撈不到。然而，此時會漸漸明白：「若不捨棄掉這生前的執著，是無法回到來世的。」

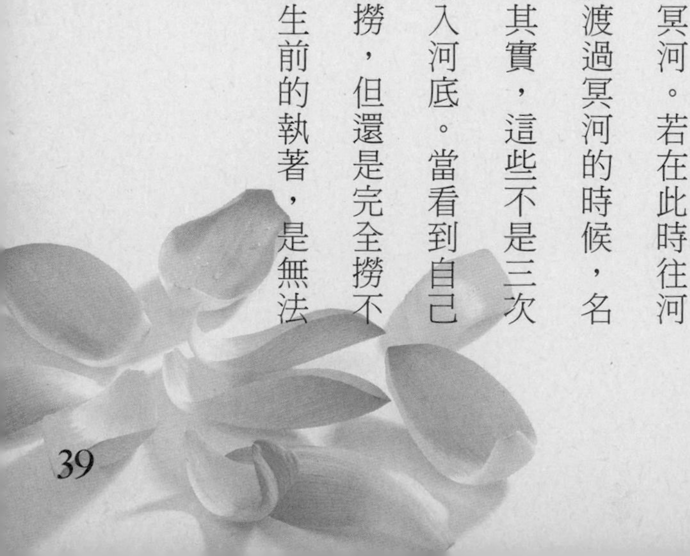

一旦渡過了冥河，此人就會清楚地了解到自己來到了靈界，並且理解到：「真的來到了靈界了啊！渡過了冥河，就真的無法回到被稱為娑婆的世間了啊！」此時，此人會體會到自己好像離開父母親，一個人到城市工作的感覺，有點不安於自己必須要開始一個人過生活。

就像這樣，有人是載浮載沉地渡過冥河，這類型占大多數。

此外，有人是輕鬆地滑過河面，身體完全沒有浸濕，輕快地渡過冥河。這是生前有著很不錯的修行成績的人，靈魂的比重很輕，污濁的部分相當的少，所以能輕鬆地不用入河，直接從河面上滑過，就好像是氣墊船一樣。

還有人在渡河之時，會看到一條船，但看到了船和自己能否乘船是另當別論。若是河流湍急，雖然此人和船伕交涉希望可以載自己一程，但不一定就能如願。

在此，又是另一個反省的開始。通常上不了船的原因，多是因為此人曾拼命地宣稱自己是如何偉大、如何不同凡響。譬如，「自己是某大公司老闆」、「自己很有錢」、「自己是豪門」、「自己是名校畢業」、「自己的兒子很了不起」等等。

然而，當聽到船伕說：「你現在又是如何呢？看看你現在的模樣。」此人往身上一瞧，才發現自己只穿著套頭衣，彷彿是囚犯一樣，感到無力萬分。

實際上這也是一種修行，世間之物完全行不通，公司的名字、職稱一點用都沒有；自己能否上船，和這些一點都沒有關係。

此外，還有另一種鮮少的渡河方式。在冥河上方有時會出現一座橋，若是能渡橋而過，那也是一種很不錯的待遇。那代表著：「你在世間或許沒有那麼偉大，但從靈性的角度來看，你是一個應該受到尊重的人。」

冥河的寬度與此人的苦惱程度相應，有的看起來寬，有的看起來窄，但通常大概是五十公尺到一百公尺左右。

如果是用游的游到對岸，渾身會濕淋淋的，感到疲憊不堪，一副奄奄一息的樣子。這時能看到兩位老人在柴火的旁邊，一個是老公公、一個是老婆婆，當他們見到你這副模樣時，會親切地說：「看你渾身都濕透了，快把衣服脫下來烤一烤吧！」於是，老婆婆會把你脫下來的衣服，掛在柴火旁的枯木枝上。雖然都是把濕淋淋的衣服掛在同一根樹枝上，但有些人的衣服不會把樹枝壓彎，有些人的衣服則是壓彎了樹枝。當兩位老人看到此人的衣服壓彎了樹枝時，就會笑笑地對此人說：「你之後會很艱難喔！」

壓彎樹枝的程度，意味著生前犯下罪孽之輕重。若幾乎把樹枝壓斷的話，也就說明自己已經到了很危險的程度了。而罪孽較輕的人，衣服一下就烤乾了；然而罪孽深重的人，衣服則很難變乾。

當衣服烤乾之後，會還給此人，並且老人會根據衣服的重量而對此人指出要往哪個方向走。

其實，所謂的衣服，即是此人靈體外層的幽體。此人在生前想過什麼、做過什麼，都會使幽體的部分染上顏色，並且讓靈體產生重量。人就是穿著這幽體，走上各自的旅程。

大多數的靈是要走向山道的，山道有許多岔路。從靈性的感覺來說，其道路的長度，從上岸後算起，快者會感覺像是走了三天，平均大概會覺得走了七到十天；而在途中可以看到靈界的景色。

4．映出生前樣貌的螢幕

當走完了全程之後，即能看見一座像官府一樣的地方。剛到靈界時明明都是只有自己一個人，但此時會看到很多人在這個地方排隊，領取入場號碼。這些人彼此寒暄，但每個人都會為將來的去向感到不安。同時，因為能夠看到對方是怎麼樣的心，進而會說：「你累積了這麼多的善行，沒有問題啦！」或者是：「我就糟糕了呀！我老婆都不曉得我在外面做了什麼事啊！」等等，總之彼此在此討論將來之事。

終於輪到自己的號碼時，走進去後眼前是一個寬闊的廣場，裡面既有現代之處亦有古代之處，天界諸靈經常到此做巡察。廣場上有一個大螢幕，螢幕上會上演自己生前的生活情景，此時會有法官或陪審員等等前來觀看。那就好像是電影一樣，如果是上了年紀的人，有時候會像是照鏡子一樣，觀看自己的一生。

不管自己活了八十歲或者是一百二十歲，但很不可思議地，在不到三十分鐘或一個小時內，自己的一生就會上演完畢；就連自己都忘掉的事情，都會被挖出來放映。此時，週遭觀看的人雖然會做出各種反應，但做為主角的自己會徹底地了解到，自己到底是過了怎麼樣的人生，自己到底是怎麼樣的人。所有的人，其一生都會被赤裸裸地放映出來。

活在世間時，雖然還能掩人耳目，但到來靈界，全部的事情都會被公開。屆時，自己就會徹底了解到自己到底是個怎樣的人。

所以「幸福科學」中反省的教義，即是告訴人們，為了避免在日後遭遇這種情形，在世之時還是早早進行反省為妙。

大部分的人既想過錯誤的事，也做過錯誤的事，所以當自己的一生上映之時，都會感到膽顫心驚。心想：「不會吧！接下來該不會是出現那個畫面吧！」一想完，螢幕上就正好是出現那個場景。但若是之後出現了反省的畫面，那真的是會鬆一口氣，其他觀看螢幕的人也會覺得：「還不錯嘛！還知道要反省。」然而，若是完全沒有反省過，那就真的是「好戲」連連了。

隨著螢幕的播放，此人的表情會漸漸地改變，那就好比放榜的時候，有些人是振臂高呼，有些人則是垂頭喪氣。看完一生的影片後，自己大概就會知道結果如何了。當自己被審判官問：「如何啊？」的時候，大概就會回答：「很糟糕啊！」於是就被指出接下來要往哪一條路走。

然而，這比起那些死後立刻墜入井中的人還來得好，這些被賦予了還可以反省生前機會的人，還算是好險。因為藉此自己可以知道自己是怎麼樣的人，自己過的是怎麼樣的人生。對自己的靈魂來說，什麼是最重要的學習，自己最大的問題是什麼，接下來前往的地方，必須要針對這方面進行修行。

5・前往與心念相對應的世界

在靈界當中要如何矯正自己錯誤的地方呢？靈界的法則是「心

的法則」，即同類相聚，靈的波長相同者，會聚集在一起，而且彼此會看到彼此醜陋之處。換言之，若是墜入了地獄，就會和那些與自己一樣有著醜陋之處的人，彼此相處在一起。

那就好像各位在生活當中，看到和自己非常相似的人，會感覺到很討厭一樣。譬如，平常自傲於自己可以吃飯吃得很快，但若是遇到一整群皆是飯吃很快的人，自己也會覺得很厭惡吧！再好比自己非常想參加選美比賽出名，但如果遇到一群都想要參加選美比賽的人，自己就會感到無趣。就像這樣，如果看了太多和自己相像的人，自己就會感到厭惡；這是因為自己感覺到自己的尊嚴受到了傷害。

相同道理，在靈界當中也會碰到和自己相同類型的人。落入地獄的人，最初對這種情況會感到非常驚訝。我在《反省的原點》中也曾經說過，歸根究柢，靈界是一個主觀的世界，只有自己的心存在，不存在任何客觀之物。換言之，持有什麼樣的心，眼前就會展開什麼樣的世界。

當然也有另一種情形；有人在觀看完螢幕之後，是要前往天國的。先前曾敘述過當人死亡之後，自己的朋友、雙親、老師會前來，若是此人確定前往天國時，在這個階段他們會再來一次，祝賀此人，並帶著此人前往自己所居住的世界。

一開始會因為懷念，所以還會和過去的家人、友人一起生活，但漸漸地就會覺得有點無法適應，彼此的靈魂會出現無法契合的情形。自己會感覺到：「明明以前是那麼親近，但怎麼現在覺得有點不太適應？」

這種隔閡的感覺，乃是因此人靈格的問題，此人對週遭環境的感覺是高、是低，會因人而異。若此人看到村落裡的人，感覺到：「好像有某種不足，和自己應該住的地方，有點不適合。」那麼，此時就會有另一個引導之靈前來，將此人帶往另一個地方，進行靈魂學習。

當然，若是在生前就已經有了某種程度的悟境，懷有做為天使的自覺，那麼就有另一條例外之路，那就是讓此人彷彿坐上超高速電梯，一口氣往上升；但鮮少會出現這種類型的人。可以看到這種類型的人，在上升的過程中，背上長出如天使般的翅膀，或者化作天女，或化為僧侶的樣子，直接回到原本存在的地方。

就像這樣，自己在世間的一生，直接決定了來世要回到哪個世界。所以，這是一個完全自負責任的世界。當然，轉生於世間之後，會遭遇到各種不同的環境，但每一個人都好比是一個小小的神，每個人皆能依自己的判斷，選擇過自己的主體人生。正因為是依自己的判斷所選擇的，所以就必須要自負責任，來世會回到天國或地獄，皆是自己的責任，對此不可不知。

所以，若是來世掉入了痛苦的環境，那絕對不是佛神的錯，也不是自己家庭環境的錯、不是教育環境的錯，也不是錢的問題，朋友、同事的責任；那完全是自己的責任。首先要接受這個道理，這是脫離地獄的起點。當接受那全是自己的責任後，之後再自問：「到底是哪個地方做得不對？」這是第二步。

就像這樣，在靈界當中，會被徹底檢討：「自己到底是誰？」而宗教的主張就是，既然是這樣，何必要等到來世才做，生前就可以先好好地預習，如此一來修行就會更有進展。

四、老年、壯年期的生活方式

1．和顏善語與慈祥之眼

以上講述了死後世界的話題，已經邁入老年、壯年期的人，再過五年、十年或二十年就要渡往靈界了。在此，我想要對那些邁入老壯年時期的人，略進良言，簡明地闡述人在過了五十五歲、六十歲之後，應該要如何過往後的人生。

人生最後的十年，占有非常大的意義。實際上，此時世間的工作大多已經結束了，這最後的十年有著非常大的意義，可以說是接受來世入學測驗前的階段。此時以何種精神狀態度過，和來世會過何種生活有密切的關係。

對老年、壯年期的人來說，首先應該做到「和顏善語」，也就是要面露和藹、慈祥，並說溫暖人心的善語，這需要每天注意。譬如，在自己照鏡子的時候，要看看自己的面容是否和藹，並且反省自己是否能夠真心地說好話。人心在紊亂之時，首先臉色會變得很不好，對此要多加檢視。

在檢視自己的面容時，還要觀察自己的眼神是否「慈祥」，仔細地觀察鏡中的自己眼神是否飽含慈悲，是否目光炯炯、溫柔可親。

墜落地獄之人，眼睛多顯得混濁。如果發現自己的眼神有些混濁不清的話，那就表示自己還要多加修行，保持心的透明度，對人和藹可親、體貼他人。

保持和顏善語、維持慈祥之眼，對此要特別重視。

2．斷卻對世間的執著

當人上了年紀之後，身體在某個程度上已不能像年輕時一樣自由活動了，由於不能活動自如，就很容易發牢騷，對別人表示出不滿。但若是真為自己著想，想到還有來世的話，就要知道那反倒是對自己不利的。若很明顯是對自己很不利的，就要想現在要為日後進入來世的學校做準備，努力修行才行。盡量讓自己面帶慈祥、眼神溫柔、講話和諧。

先前有提到在渡冥河時，會有許多的東西掉入河底，那些掉落的東西皆是對於世間的執著。所以，做為心的修行之最大課題就是：「斷卻了多少的執著。」這可說是人生最後也是最重要的修行。

要如何斷卻執著呢？簡而言之，即是想：「自己今天就要死了。」想一想：「如果今天自己就要死了，自己到底會牽掛些什麼呢？」並且將其全部寫下來。自己會牽掛的事，差不多會有一、二十個左右，多的人也不會超過三十個。之後再去區分，哪一些是透過自己的判斷、努力就可以解決的，哪一些是即便努力、煩惱也無法解決的。

那些透過努力就可解決、改善的東西，或者是現在馬上就可處理的事，為了早些斷卻執著，現在就要開始著手收拾。那些可以解決掉的事，要趕緊解決才行。

至於那些自己束手無策的事、怎麼樣也幫不上忙的事，就不要再做無謂的擔心了。譬如，孫子能否考上大學，這種事想破頭也是沒有用，自己是幫不上忙的。擔心現在還在上幼稚園的孫子將來能否考上大學，是一點意義都沒有的，那是他父母親要思考的事，不是祖父、祖母該擔心的。那些無謂的擔心，必須要切斷掉。

此外，對於需要交代的事，也先交代清楚。譬如，財產該如何處理、該給誰接班、公司的方針該如何等等，應該交代好的，清楚地交代好。能做的都先做好，讓自己即便是今天就死了，也無所謂。

這麼一來，雖然有些語病，但從今天開始起的往後人生，都可以說是多出來的。於是隔天醒來，若發現自己還活在世間，便會燃起對佛的感謝之心：「佛啊！謝謝您！」若是多活了三年、五年、十年，就更是要感恩地使用每一天的時間。

就像這樣，心想壽命就到今天為止，整理好每一天的心思。抱持著「一日一生」的心態，這非常重要。

同時還要持有著正確的信仰心，即便發生地震、海嘯等，只要抱持著堅定的信仰心，獲救的可能性就比較高。發生地震後，活的人比死去的人還要來得多，運氣好的人就能活下去。即便是被壓在瓦礫堆下的人，若是信仰心堅定的人，被拯救的機會就會比較高。即便海嘯來襲，若是「幸福科學」的會員，就會有浮木漂過來，進而抓到浮木；這點事情是可以相信。

今後各地還會發生天變地異，或許對此無法避免，但「幸福科學」的會員，在某種程度上，被賦予了去實證信仰創造出奇蹟的機會，所以請各位可以安心地面對未來。即便萬一回到了靈界，也會被保證能進入優秀的道路，對此亦可安心以對。

不管如何，只要能心懷「一日一生」的態度，就沒有什麼好抱怨了。多出來的生命都是佛的獎勵，要將此都運用在如何創造他人的幸福上。

第二章

宗教改革精神

一、覺醒不同宗教之別的時代

國家的繁榮昌盛，一方面必須要有向上發展的政治力，另一方面所必要的，就是需要宗教的力量。若是政治和宗教兩方面皆發展，那麼國家就會非常繁榮，而生於當時代的人們，便能品味到無比的幸福。

然而，不管是日本或者是美國的憲法，都被人認為有「政教分離」的一面。但是回顧歷史，就會發現那未必是正確且至上的良策，好比看日本過去的歷史就能明白。

日本的歷史上哪一階段是繁榮的呢？雖然過去有許多的時代，但自從六世紀佛教傳到日本之後，佛教文化繁榮的奈良時代，就建立了非常出色的政治體系。平安時期的平安佛教興盛時，也出現了安定的政治。在鎌倉時代中，雖然鎌倉武士與佛教亦有若干關聯，但那個鎌倉武士保護佛教的時代，在日本歷史中，具有劃時代的意義。

所以，觀察過去日本的歷史，至少能夠發現，在佛教興盛的時期，即會出現高水準的政治，國家本身亦是繁盛的時期。

進入了德川家康的時代，因為幕府以儒教、儒學做為統治之學，因此儒教精神變得非常強烈，進而佛教、神道稍微變得衰弱。

到了明治時期，這一次則是興起了日本神道的復興運動。明治天皇建立了以日本神道為中心的國家體制，為此，儒教精神略顯低落，神道地位急速浮上，於此同時，更掀起了所謂「廢佛毀釋」的運動，使佛教變得更為衰弱。所謂「廢佛毀釋」，即破廢佛像、大佛，封閉佛寺等排斥佛教的政策。這種以神道為中心的明治國家體制，從明治延續到了大正、昭和時期。但是自從日本戰敗後，這個由明治維新開始興隆的日本神道，從昭和二十年（1945年）起，又進入衰退期。

日本戰敗，當然日本的軍隊、政治是敗退了，但在某種意義上，並非是日本的敗退，而是日本神道的敗退。日本神道諸神明的治理政治，在那個時間點被畫上了休止符。

在這個過程當中，佛教出現了再度興起的機會；而以佛教精神為活動中心的，即是「幸福科學」的運動。我想若沒有第二次世界大戰的戰敗，我就不會出生於日本。由於戰敗致使神道畫上休止符，佛教精神的隆盛，而我就變得能轉生於日本。

在過去以神道為中心的時代，是採取「日本的神明為中心，佛在其之下」的「反本地垂跡論」。然而，佛教興隆之後，本來應有的「本地垂跡論」，即「佛為中心，日本的神明居於次」的思想，終於回到主流。

就在那樣的時代潮流中，戰後的新宗教有如雨後春筍，許多小小的神明，在各地冒出來。

我無意在此對其一一嘲弄、批判或否定，有道是「聊勝於無」，這些形形色色的宗教，可以形成某種氛圍，引人注意。當然其中也有許多錯誤的宗教，但即便是錯誤的宗教，亦能以某種形式喚醒人們的宗教心，形成覺醒於宗教的契機。當人們對於宗教有了某種程度的理解之後，此時真正的宗教出現，淨化一切，並進行改革便是有可能的。

讓人們察覺到有宗教的存在，這是第一階段，而讓人察覺到宗教有其差異性，這就進入了第二階段。當今，以不知宗教和否定宗教的人為中心的時代已結束，宗教的時代到來了；隨之第二階段，辨明宗教差異的時代已來臨，這就是今後將震撼日本的宗教環境。

宗教受到了世人的注目是個事實，但是不同的宗教又有著什麼不同的差異？什麼是正確的？什麼是不正確的？同時不只是要區分何者正確，在正確之中，應該亦存在著高、中、低的程度之別吧？而在不正確之中，應該亦有部分正確和絕對錯誤之區分吧？我認為，今後人們會開始關注這類問題。

那麼，怎麼樣去區分正確的宗教或不正確的宗教，有無明確的基準呢？我想有很多人會提出這樣的問題。然而，要對這麼多的宗教，一個一個去檢視的基準並不存在。但是，由於有一個超越世間的靈界的存在，在靈界當中有著天國和地獄，那些接受天國指導靈指導的宗教團體，在某種程度就可說是正確的宗教；但若是被地獄靈迷惑、附身的宗教團體，即是不正確的團體。

若是觀察現況，的確有很多被地獄靈附身的宗教團體。為何數量會那麼多呢？那是因為現代人的生活方式、人心，陷入一種和地獄性波長非常相容的狀況，致使世間的生活環境，有利於地獄靈能夠出現。

二、基於「三密」的正確修行

在這種環境下，如何認識正確的宗教思考方法、行動方式，或者說正確的修行方法呢？

有三個根本觀點；首先是「身」，指身體；其次是「口」；再者是「意」，即意志的意，泛指心。對身體、言語、心的三點做觀察，即能夠明白有宗教信仰之人的狀態。

1．身——健全的肉體生活

首先「身」，具體是指什麼呢？

日常生活極不協調，或者違背正常生活規範的宗教，即不是真正的宗教。「身」在此的含義是指健全的肉體生活；由此來看，總是醉醺醺的酒精中毒狀態當然不行。此外，過著一般人不可想像的脫軌生活，也是不對的。同樣，總是熬夜，還自我炫耀自己不用睡覺的修行者，也是很危險的。

在這個身體的問題上特別要留意的是，有很多傳統宗教，過於重視鍛鍊肉體。鍛練身心，特別是鍛鍊身體，未必皆是無益的，藉由鍛鍊肉體、增進精神力，可以增強念力，我認同這在鍛鍊念力的一面是有益的。如此徹底鍛鍊肉體的人，其精神力會變得很強，藉此能夠發出擊退惡靈等的強大念力。在這層意義上，在傳統宗教中，有許多團體透過各種形式來修練肉體。

雖然有很多人熱衷於瀑布下沖浴，或者做所謂「千日回峰」，在千日之間於山中巡行，或者做類似攀爬斷崖絕壁等，常人做不到的激烈鍛鍊肉體的行為。然而，若是過了度，忽視了心靈，只是顧著鍛鍊身體，或者認為所謂修行就是做常人所不能及的事，那麼其結果就是無法返回常人所去的天國世界了。

即使此人不是惡人，因而回到了天上界，但也是回到了我們所稱的「裏側」世界，亦即天狗界、仙人界。有些靈即使回到了靈界，依舊是在岩石上瞑想、登山、爬樹、在樹上做倒掛金鐘等動作，如此的世界即是天狗、仙人的世界。

天狗和仙人多混同難辨，但若是試圖去區分，大抵上自誇有氣力之人屬於天狗系統；仙人則屬技巧派。對各方面熱心研究，在世間時拼命研究何種為具有靈力的藥草，或者是做一些特殊的體操以增進靈力之人，多屬於仙人系統。

若熱衷於這樣的世界的話，也就很難強求這種人不要去這樣的靈界。天狗、仙人界也是位於天國是沒有錯，但是很遺憾地，這樣做無法進入他們視為目標的菩薩或如來的世界。

在激烈鍛鍊肉體的人當中，若是陷入了迷途，最終將會落入地獄界。而因這些人的念力、法力很強，多會落入地獄界中的魔界，甚至還會進到深淵部分的撒旦、魔王的世界。

此外，在激烈鍛鍊肉體的過程中，若是於深山僻徑進行精神統一或瞑想，常常會遭受動物靈等地獄靈的附身。一旦被這些動物靈附身，身體就會產生靈動現象。此時若是修行者對於這種現象感到新鮮，其意識就更是會與動物靈相通，彷彿以為是自己的守護靈、守護神上身，最終就是落入地獄中的畜生道。

現今，在「幸福科學」日益發展的情況下，有某個新興宗教團體想乘機復活，在其教團的道場上盤著腿像青蛙一樣亂跳，聲稱是「空中飄浮」，或者在水中憋氣達五分鐘之久等。如果問這些人在來世將會變成怎樣的話，一定是前往那畜生道的地獄，處於非人的狀態，其教祖或許還要陷入更深地獄界的深淵。

一旦只進行鍛鍊肉體的修行，忽視內心的話，很容易就會發生差錯的。

釋迦在迦毗羅衛城時，雖然過著美女相伴，糧食富足的快樂生活，但因為在其中無法獲得覺悟，於是便出家了。由於當時的印度有著眾多的瑜珈修行者，所以最初釋迦做的是肉體修行。然而，釋迦明白了在這種毀滅肉體的苦行中，無法獲得覺悟時，即否定了這種修行方式。釋迦覺悟到極端快樂生活以及極端苦行的生活中，無法獲得覺悟，唯有擁有健全的常識，過健康生活的人，才能獲得覺悟，並讓悟境提升。「真理存在於中道之中」——這就是釋迦於菩提樹下所悟。中道是覺悟之根本，沒有那種偏離中道的佛教覺悟。

對此絕對不可搞錯，不管模仿多少無法覺悟的修行，完全是無益的。應該去模仿那些有助於獲得覺悟的部分，那就是來自中道的覺悟。

所以，「幸福科學」提倡在一般的生活當中，一邊進行普通的學習，一邊步上覺悟之路。正因如此，才能使所有的人對真正的宗教進行學習，並予以實踐。否則，如果所有的人都去水裡憋氣、上下彈跳的話，試想各個國家會變成什麼樣子呢？那必定是一個很古怪的國家。一個健全、健康，精神亦正常之人，在深入學習的過程中逐步成長，如此方才能在中道之中獲得覺悟，對此要特別注意。

如上所述，首先照顧好身體是非常重要的。即便是有優秀的精神力、知識力之人，若是做出有害身體健康的事，還是很容易變成惡靈的俘虜，所以首先應注意健康生活的重要性。

2·口——言語的協調

其次，訓練言語的協調也非常重要。想一想現在要講的話是不是衝動的話語？講出來的話，對方會如何反應？講話之前好好的想一想，之後再選擇講出適切的話語；這才是修行者的態度。

先前曾說過，有些宗教會讓人們做出激烈鍛鍊肉體的錯誤行為，除此之外，若是會過度排擠、打擊、折伏其他宗教的話，我並非在指某個特定的團體，但這也算是在言語的和諧上犯了錯誤。

也許有些人會說，指出如上述某宗教團體的錯誤，不也是在言語上出現了問題嗎？但在此必須要強調的是，引導執迷不悟者走入正軌，有時是需要嚴詞以對的，這絕不屬於惡口。這是佛法真理的引導，或者是指明方向，如同「禪」當中的「一喝」之意，對此請不要誤解。經常地惡口說人當然不是件好事，但到了不得不糾正對方的地步時，有時就必須要嚴厲地指正。

雖是如此，若在日常生活中總是動不動就批判他人，或口出惡言等絕非好事；對修行者來說，言語的協調極其重要。

3．意——心的控制

最後是「意」的部分。「意」在廣義上也可以指「心」，這對宗教修行者來說，最終還是最大的修行課題。能否控制自己的意志？能否自由自在地操控己心？這是最大的修行課題。

再過幾年、幾十年，各位必然會離開世間，屆時，西裝、領帶是帶不走的；錢也帶不走；存摺也帶不走；名片也帶不走；學歷、頭銜也帶不走；能夠帶走的唯有「心」。

那麼，什麼是「心」呢？心即是指「各位平常的所思所想」。各位每天會思索各種各樣的事，那就好比波浪一樣，有高有低，上下起伏，既會想好的，亦會想壞的。雖然會有各種高低起伏的波浪，但一生當中的波浪，終究會有一個平均值，一個平均的波長。根據這平均的波長到底是到何種程度，就決定了各位死後會到什麼樣的世界。

當然，若是只看某一個瞬間，不管是怎麼樣的如來，有時也會持有令人驚訝之心；即使是日後會落入地獄的人，有時也會持有善心。只不過，一生結束之後，就必定會出現平均值，一定會顯現出其為何種程度。

然而，若是在世之時，就一直完全被惡靈附身，並終其一生的人，其波長有時就是一直維持最低的水準。反之，總是受到守護靈、指導靈護祐的人，就會保持良性的波動。

一般的人就是在如此上上下下的種種心境中，度過著一生。

特別是到了將死之際更是重要，隨著步入晚年，讓心的波動漸漸趨向良性，是絕對不會錯的。年輕之時，沒有經歷那麼多苦難，所以其波動不會壞到哪裡去。但出了社會，漸漸上了歲數，其心念的上下起伏就會變得很明顯。若是到了將死之際，就無法再做修正了。

因此，我常常強調「反省」的重要性。人有時候會在內心創造錯誤的念頭，但可以在每個環節，透過反省去除掉心中的陰霾，或者是努力將赤字轉變為黑字。若是想了壞的事情，之後就要重新想善的事情。與其在一生的最後關頭進行反省，還不如每天每天地進行反省要來得好。

打比方說，若是在水裡面滴入一滴一滴的墨汁，若是只有一兩滴，水還不會變混濁，但若是一直滴入墨汁，且一直擱置著不管，那水就會變成黑色的髒水了。要如何更換那黑色的水呢？若是在水裡面再加入新的水，也不是那麼簡單就會變乾淨的。即便是加入新的水，想要讓水桶的水全都變乾淨，那是需要花很長一段時間的。若是水桶的水都是黑色的，那就必須整桶水倒掉，換上新的水才行。

就像這樣，等到那種程度之後再做反省，就不是那麼簡單的事了。過了幾十年的生活後才進行反省，是很有難度的，除非是非常努力，否則是很難徹底將心擦拭乾淨的。然而，若是發現了一滴一滴的污點後，就隨時進行清理的話，那麼整體就不會那麼污濁了。

只不過，多數的人在接觸到佛法真理時，幾乎都已上了某個年紀了，此時可以區分年代，從出生開始反省到現在的歲數。反省出生後到五歲左右的事、到十歲左右、到十五歲左右、到成人二十歲左右，之後到三十歲、四十歲。就像這樣，將時間以幾年為一階段區分出來，自己進行反省。

清算過去的事之後，每天都要抱持著「一日一生」的心念，反省每一天自己心中所興起的念頭。若是發現到有不符合佛法真理的地方，就必須立刻地加以修正。若是對他人做了不對的行為，就要立刻心懷道歉之心，並且從翌日起採取不同的態度，如此修正自己的心是很重要的。

在這個反省當中，特別重要的是身、口、意當中的「意」的部分，亦即「心」。簡言之，人皆會犯錯，但藉由反省，可以讓己心變乾淨、變得正常。所有的根源，都起自於心。心若是改變了，從嘴裡講出的話也會改變。心才是肉體的主人，因為心，會使肉體變得健全或不健全。心即是船的掌船人，因此最為重要。

並且，在人體當中存在著和人體形狀極為相似的靈魂，而心就是這靈魂的中樞、核心部分。雖然手、腳皆存在著靈性能量體，但心不存在於此；心的位置大致位於胸部的中心。

「心」位於心臟的附近，實際上是位於胸部到腹部的中心，並且和感性、悟性有相關聯。此外，還有一個「精神」的存在，主要是位於頭部，與理性、知性有相關。總之，心的領域即是從頭部到胸部、腹部，而核心部分位於接近心臟的地方。

因此，通常修行是從調整位於胸部的「心」開始，而和頭腦有關聯的「精神」的部分，則是靠後天的努力、學習而建立起來的；這兩者是連動的。

總之，希望各位理解到心的重要性，只要能把心調整好，至於錯誤的宗教修行是不需要的。

4．自負責任的原則

在宗教當中，最容易出現錯誤的，就是在這個「意」，即

「心」的部分。有很多宗教，或者是宗教修行者在這方面出現了錯誤，為什麼會出錯呢？究其根本，就是因為誤解了真理知識。

若要用簡單的一句話，來形容正確的真理知識，那就是「人依據其心，做出各種判斷、選擇。對其判斷或選擇，每個人皆須自己擔負起責任」。對此不可不知，擔負人生責任的人在於自己。正因為責任出自於自己，所以好好地統御、控制好己心就變得非常的重要。若是想要逃離自負責任的原則，將這責任往外推時，錯誤就會因此產生。

好比說，動不動就說是「政治不好」、「經濟不好」，工會運動或者是左翼運動，常常就是持如此論調。

若是換作宗教，有些宗教所持的理論是：「你之所以會陷入不幸，那是因為你的祖先尚未得救。」這種「你前幾代的祖先尚未得救，才導致了你今天的不幸」的說法，即是把自己不幸的原因，歸咎給祖先而非起因於自己，有很多宗教團體主張如此的理論。

當然，我並不想全盤否定這個論點；的確會有過世的雙親、祖父母或其他祖先因陷入迷途，進而賴在親人身上的情形。此種因為靈障而導致的不幸，的確是會發生的

但是根本的責任，乃出自於活在世間之人的心，其幸或不幸都是藉由這「心」而展現。即便祖先之靈陷入迷惘，但自己之所以會墜入地獄的理由，在於自己的人生態度，和迷惘的祖先並沒有關

係。正因為自己持有著地獄性的人生態度，依循波長同通的法則，才會讓陷入迷惘的祖先之靈附身上來。之後便一同分享痛苦，同病相憐。所以，不是因為自己被附身了而變得不幸，而是因為自己抱持著不幸之心，所以才吸引了那般靈性存在過來。

因此，供養祖先固然非常重要，但其出發點在於自負責任的原則，在拯救死者之前，若不先拯救生者，換言之，若不先自己拯救自己的心，那就沒人能拯救自己了。首先必須要讓自己散發出幸福的光芒，這樣一來，才能拯救陷入迷途的祖先。

然而，若是自己也是一個會頭下腳上墜入地獄的人，而且總是把自己不幸的責任，都歸咎給家人或歷代祖先的話，那是絕對不可能變幸福的。這一點絕對不能搞錯，務必要認識到自負責任的原則。

是否為錯誤的宗教，觀察這一點就能十分的明白。把責任都往外推，大多是錯誤的宗教，最終都應該是自己的責任。

認識到那都是自己該負的責任時，才會興起反省之心。如果認為自己沒有責任的話，那就不需要反省了。若是不需要反省，那就會變成只靠祈禱等他力的救贖；若是認為自己都沒有責任，而光是唱誦「南無阿彌陀佛」、「南無妙法蓮華經」、「南無大川隆法」等等就能夠得救的話，那也就太簡單了，信徒也會大增，但實際上光是這樣是得不到拯救的。「幸福科學」的會員也是一樣，若是唱誦「南無大川隆法」能否得救呢？答案是否定的。我是很嚴格的，光是唱誦名號是不會得到拯救的。至少必須要搞清楚，唱誦如此名號，就必須要做出配讓自己唱誦那名號的心靈修行，否則就不會有引導之光降臨。

若是每一個人皆是以正確的態度探究真理，心向佛神，那麼佛神亦會幫助此人；「天助自助者」是真實的道理。自己拯救自己，有如此自助精神之人，天才會拯救此人。

但是，他力思想是否是完全錯誤的呢？當然不是。對沒有學問或不認識字的人，教導宗教之心是很重要的。雖然光是念佛無法得到拯救，但若是過著念佛的生活，即便此人不理解高深的道理，只要讓自己過著相信佛神的宗教生活，至少人生就會有點好轉。

但是，在覺悟方面是得不到高度覺悟的，在過著以念佛為中心的生活中，人會漸漸變善。若是持續維持念佛的生活，是可以回到天國的，但卻很難前往崇高的境界。

相同的道理也適用於禪的覺悟；在道場上拼命坐禪修行，在根本上並非是菩薩的覺悟。從根本上來說，禪悟是六次元光明界的悟境，坐禪是追求悟道的菩提心之修行。若是想要進一步修行，除非充分掌握到佛法真理的知識，讓己心朝更高度的進化，否則就無法獲得更高的覺悟。因此，若只是坐在道場瞑想、禪定的話，最多只能獲得六次元光明界的覺悟。現實當中，寺廟中的和尚，大多都是如此程度。

以上透過身、口、意三個關鍵字，對於修行進行了論述，這三個稱之為「三密」（亦稱「三業」）。這三密是弘法大師空海教義的中心思想，我試著以這三密為基礎，說明了宗教修行者應有的樣子。

三、「三界」與輪迴轉生

我曾在眾多書籍以及講演中提到，人並非僅是今世的存在。如同我一開始所說的，人是有前世的，並且有今世，換言之就是現世。既然有現世、有前世，就必定會有來世。在來世之中，當然包含了從世間離去之後，回到靈界的生活，除此之外，在那之後轉生的生活亦包含於其中。

就像這樣，佛教的根本思想認為，人有過去、現在、未來的三世，並且在這三世之中生活、修行；這稱之為「輪迴轉生」，這是佛教的核心理論。

因此，那些否定輪迴轉生的宗教、新興宗教，即是犯了明顯的錯誤。大抵上，那些否定輪迴轉生的新興宗教，皆是受到了動物靈，或者是類似之靈的指導。由於這些靈不知何謂輪迴轉生，所以才會否定了此觀念。所以一旦某個團體否定了輪迴轉生，就可以說那是一個危險的地方。

此外，有人會說：「那基督教豈不是也沒有轉生輪迴的教義？」但其實不然。如果仔細分析耶穌基督的話語，便會有所發現。譬如耶穌說過，在亞伯拉罕誕生前，自己已存在；這實際上是在講前世。只不過流傳下來的聖經份量很少，其中對於這方面的理論不夠充分，所以基督教流派的人們，不怎麼理解輪迴轉生。

為此，從一八〇〇年代開始，興起了心靈主義潮流，陸續有許多靈言從靈界降下，以教導人們基督教不足之處。另一方面，愛德加・凱西（Edgar Cayce）等等也講述了許多關於輪迴轉生的內容。這就是修正基督教教義的部分，也是吸收佛教教義內容之舉。

輪迴轉生的確存在，正是因為有輪迴轉生，才會使靈魂修行得以成立。貫穿三世的幸福，才是真正的幸福；這是基本思想。

所以，「幸福科學」所說的幸福，絕非是對世間的執著；所提倡的幸福，也絕不是指在某種意義上的此世之執著，全然不是指對世間的金錢、成功或異性的執著。「幸福科學」所追求的幸福，是貫穿過去、現在、未來三世，貫穿此世與來世的幸福，所以與執著相距甚遠。在某種意義上來說，「幸福科學」所推廣的運動是推薦人們要將通用於來世的想法，做為此世的人生態度。這是非常重要的中心思想，希望各位能夠確實的理解。

並且在靈界當中尚有天國和地獄，若是連同人現今所生存的世界，可將這所有的世界統稱為「三界」。在三界的最下方是「欲界」，這是欲望的世界、迷惑的世界。隨之是「色界」，在其之上則是「無色界」；欲界、色界、無色界統稱為三界。

人有貪欲、性欲等各種欲望，尚存有欲望的世界即稱為欲界。欲界當然包括這人世間的地上界，此外還包括四次元下層的地獄界、四次元上層的精靈界、五次元善人界。直到六次元的下、中層左右仍然殘留著人的欲望，所以在某種意義上，還可算是欲界。

在其之上的色界，又是如何的世界呢？那是一個欲望在某種程度上已去除掉，靈性意識已變清明的世界。那是從六次元光明界的上層至菩薩界的世界。到了這一階段，已經進到了一個離欲修行、相當神聖的世界；此稱為色界。

之後，從七次元上層的梵天界至八次元如來界，人的要素已變得相當稀薄，這是一個持有著接近佛心的如來所活躍的世界，此稱為無色界。

因此，這些如來的輪迴轉生，並非是以消除「業」為目的，而是依循佛的計劃而輪迴轉生。此外，在色界中的菩薩和六次元上層的準菩薩，也是肩負著某種程度的神聖使命、目的而轉生，所以與單純的輪迴轉生也稍有不同。

在其下方欲界中的人們，則是為了靈魂的學習而不斷地轉生；此時的轉生未必是此人能決定的。在某種程度上可以說，此人有預備好的課程，從職業到各種人生計畫，當被告知「你必須要轉生了」的時候，就必須為了靈魂修行，而不斷地轉生於世間。

大致上可將欲界區分為六個部分，那就是「地獄道」、「餓鬼道」、「畜生道」、「阿修羅（亦稱修羅）道」、「人間道」、「天道」；這「六道」即是欲界。此外，從六次元光明界中層到地獄界之間的輪迴轉生，稱為「六道輪迴」。

其中，「人間道」是指從四次元精靈界到五次元善人界；而「天道」是指六次元的下、中層階段，這階段尚殘留著人的欲望，還屬於欲界的一部分。即便是到了六次元，也還殘留著相當程度的出人頭地欲和名譽欲，所以可以說這裡仍是欲界的一部分。（有人將六次元上層以上的高級靈，分類至「天道」的部分，但這可說是過去人們靈性知識的不足。）

四、地獄諸相

欲界下方的「地獄道」，是一個問題非常大的地方。雖然名為地獄，但實際上現在地獄的種類卻是非常多樣的，而且地獄的型態，也與過去的描述有所不同，已有許多現代式的變化。

譬如，在最淺層的地方，有個「無賴漢地獄」，正如其名，像酒精中毒者、過著無常規生活、潦倒生活的人，這種不顧家庭的人所聚集的地方，即是「無賴漢地獄」。

其次是相近之處的「阿修羅地獄」，這個阿修羅地獄是鬥爭和破壞的世界。大抵上打打殺殺、好戰之人、死於戰爭的迷惘之人，或黑道關係的人，都會來到這樣的世界；或一部分從事傳播媒體工作，曾以言語中傷他人之人，也會來到阿修羅世界。

再深一層就是「畜生地獄」，這是動物和人混雜的世界。動物也有感情，也會學習何為善惡，也會輪迴轉生進行靈魂修行。幸福中死去的動物會回到天界去，而在怨恨、悲慘、痛苦中死去的動物，則是會落入地獄。雖然此地獄界稱為畜生道，但卻有很多的人也落入此地。

這樣的人在活著的時候，其心念常常有著非常接近動物的傾向，譬如，偷了別人的東西也完全不以為意；這就是有著和狗等等一樣習性的人。或者是在性欲上，非常接近動物習性的人亦會落入畜生道；又或者過著非人般的奇特生活，具有著非常強烈動物屬性的人；由於靈界是心念的世界，所以此類人會落入畜生地獄。

繼續往下便是「等活地獄」；此處接近阿修羅地獄，同樣都是相互殘殺的世界，但在這裡相互殘殺之後，肢體會支離破碎，慘不忍睹。然而，當獄卒說：「全部的人皆平等地活過來！」死者就會再度活過來，之後又會開始互相殘殺。等到又變得支離破碎時，又在「全部活過來！」的命令下，全部的人又會再活過來開始砍殺。

在這種「平等地活過來」的等活地獄中，如此相互地殘殺，將永無止境的延續。那是為了徹底教導這些人們，使其了解到殺人之罪是何等深重。

此外在那附近，距離方才的畜生地獄不遠的地方，有個「色情地獄（血池地獄）」。這是個很著名的地獄，是在追求異性時，走上了岔路者前往的地方。

但如果只是稍有越軌行為，是否就會落入這樣的地獄呢？那也不致如此。現代當中，不管是在哪個國家都有很多這樣的人，但這些人會落入符合其心境的地獄，而這個「色情地獄」則是在此方面傾向性極強之人的去處。人在年輕的時候，特別容易在這方面出錯，但未必就一定落入此地。然而，若是到了中年以後，還依舊對於性還癡狂之人，落入此地的可能性就變得很高了。

再往下墮落，還有其他種類的地獄。譬如，寒冷地獄。這是一個酷寒、陰暗，有如南極或北極一樣的寒冷地獄；反之，也有「炙熱地獄」、「焦熱地獄」。這裡會經歷到炎炎酷暑、焦熱燒身的痛苦。大抵上，這是曾傷害過他人的人所去的地方。

再深一點的地方，尚有一個「黑繩地獄」。落入這裡的人會被捆綁在燒得滾燙的鐵板上，再用像是被火燒得紅黑的鐵繩，邊燒邊肢解。

使用黑繩曾是昔日的傳統作法，最近已變得近代化了，使用的是像醫院的外科手術台。之後，天花板會降下燒得火熱的鐵鐐，並在熱風的吹動下燒烤軀體；這就是黑繩地獄。

再往下還有一個很深的地獄，稱為「阿鼻叫喚地獄」。那是一

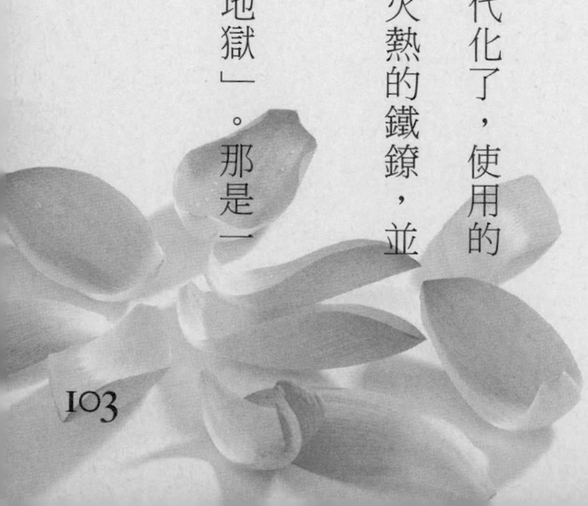

個極其痛苦、鬼哭狼嚎的地獄。根據阿鼻叫喚的程度，此地又分為「阿鼻叫喚地獄」和「大阿鼻叫喚地獄」，但在此為了方便說明，僅對大阿鼻叫喚地獄進行說明。

會落入大阿鼻叫喚地獄的人，均犯有典型的「五逆之罪」，這五逆是：

一、殺父。

二、殺母。

三、殺害了具備阿羅漢以上資格的和尚，或者是修女和神父等等，以及為了接近佛境而進行修行的僧侶。

四、傷害佛陀。

五、讓佛陀所創之教團陷入混亂。（此罪稱為「破壞和合僧之罪」）

凡觸犯了這五逆之罪之一者，即會墮入這大阿鼻叫喚地獄。

除此之外，身為修行者犯了盜竊、強盜、強姦等行為，或身為修行者，自己尚未覺悟卻謊稱覺悟而迷惑人心之人，亦會落入這個地獄。犯下如此非常深重的罪孽之人，即會落入大阿鼻叫喚地獄。落入此地之人，定需千年以上，否則絕無出此地獄的機會。

在大阿鼻叫喚地獄世界之人，會受盡地獄所有的痛苦。若是描述我所看到的景象，墜入此地的人，會被活生生地剝下皮來，放在滾燙的土地上，被似在燃燒著的銅水、鐵水澆灌。隨後，會被像是鐵鉗般的東西，把嘴巴拉開，灌入像是溶化的銅水，再從肛門流出。落入這個地獄之人，須遭受如此恐怖的痛苦。

在過去曾不擇手段迫害宗教的人，即觸犯了如此的重罪，會落入如此的地獄深淵。

相較之下，天國則是一個非常自由自在的美好世界。我很不忍心，眼看眾多同胞落入那般地獄。希望所有的人都能在活於世間之時，覺醒於真實的正法，在每天學習真理的過程中，提升心境。並且將今生美好的學習成果，延續至來世，這就是我對所有人的心願。我衷心期盼，所有的人皆得救之日能早日到來。

第二章

邁向覺悟之道

一、「探究正心」之道

為了讓初次學習真理之人有所參考，本章將就佛法真理的基礎進行論述。當然，本章的題目「邁向覺悟之道」是一個非常大的主題，歷盡一生能否走完這段路，都還難以論定。然而，這條路已展現在各位的面前，並且我能夠指引各位要往哪個方向前進。或許「覺悟」一詞，聽起來會有一些古老的感覺，對各位來說，可能會感覺到是古老的佛教用語，認為那只是與那些隱居於寺廟當中的特殊之人有關。

然而，我對於這「覺悟」一詞，附加了現代的意義。我在各種書籍所講述的覺悟，絕不是指躲進杳無人煙的深山老庵坐禪，或攀山越嶺、或沖瀑布等所得到的悟境。正好相反，我所講述的覺悟，應該是在日常生活當中、在各位的工作當中、在普通的家庭生活所得到的。

我認為，必須要以現代化的方式，來說明「覺悟」的意義，讓人能非常容易理解。不可以用只侷限於有做過特殊學問，或宗教家才懂的用語來說明，而是應該以簡單易懂的話語，讓人們能於現代的職業、學校或家庭中實踐，並有所心得。

希望各位能從這個觀點，來理解我所說的「覺悟」。我要明白的指出：「『覺悟』不需要特殊的環境，亦不需要處於特殊的立場，而是在目前的生活當中，就能獲得各自的覺悟。」

原本「悟」字是由豎「心」旁和「吾」構成，即是指「吾心」、「己心」。若能知己心，即意味著覺悟。因此，應該要探究的是這己心，而不是存在於那眼所不見的某個世界中的心，也不是在從未見過的仙人身上的心。人若能探究己心，即是邁向覺悟之路。

那麼，要如何掌握己心、認識己心呢？其方法應該要採取何種順序呢？

在「幸福科學」當中，揭示了做為現代四正道的「愛的原理」、「知的原理」、「反省的原理」、「發展的原理」，統合這四個原理，總稱為「探究正心」。若是從這個觀點來說，所謂「正心」即是符合這四正道之心，換言之，可分解為愛之心、知之心、反省之心、發展之心。不過在本章之中，我並非是以這「幸福科學」的基本理論為基礎而論述，而是講述一般讀者能夠理解的內容。

以下，我想針對這邁向覺悟之道，換言之對於這探究真正己心之道、探究正心之道，分成三個部份來講述。首先是「心的發現」、其次是「心的平靜」、第三是「心的發展」。

二、心的發現

1．發現本來的自己

「心」是一個被非常頻繁使用的字，多數人都是不假思索就使用這個字。每一個人都漠然地認為，自己有心，他人也有心，不需要做什麼特別的說明。

然而，隨著每一天平凡歲月的流逝，想要理解到自己的心是確實存在的，那就沒那麼簡單了，或許有很多人尚未掌握到其真意就離開人世間了。

從結論上來講，心的發現即是指去發現本來的自己、發現靈性的自己。換言之，就是脫離有雙手、雙腳、頭部和身軀的自我肉體意識，察覺到自己是極為靈性的存在。

並且，必須要承認即便肉體被送到火葬場焚燒，但那個所謂的「自己」的個性，依舊會持續存在的。對此各位或許無法那麼輕易地感覺得到，或許各位會認為：「用這手去感覺、用這眼睛去看、用這耳朵去聽，不才表示自己的存在嗎？當肉體消失之後，自己還真的存在嗎？」

然而，我必須反覆地說，這個脫離肉體之後的自己才是真實的自己，才是貫穿過去、現在、未來的真實自己。換言之，各位的所思所想、心的運作，不是別的，就是各位自己。

自己即是想法本身，若是問「你是誰？」你的想法就是你自己，你的思考就是你自己。那個有著肉體、穿著衣服、蓄著頭髮、有著表情，那個自認為這就是自己的自己，僅不過是覆蓋在那所思所想的自己、思考運作的自己之外的外套罷了。

那麼，到底在什麼樣的時候，才能夠發現做為真正的自己的「心」呢？這個「心的發現」，若非透過觀察自身內在的經驗，否則是無法發現的。換言之，一天當中雖然會發生各種各樣的事，但若是在一天結束之際，不針對自己的成功、失敗深入思索的話，若沒有透過如此的訓練，便無法掌握到「心」的實體。對於一天當中所發生的事，自己是如何想的？藉由如此思索，心的實體就越是清晰；持續如此訓練，心的存在感就越是明顯。

2・愛與善

各位要如何檢查自己是否真的掌握到心的實體呢？在此我想要提示兩個檢查要點。若是各位察覺到這兩點，並有所感觸的話，那就表示各位已發現到了「心」。

其一是「愛」，另一個是「善」。若是能在內心當中，發現到了這愛與善的兩個效應，那麼就可說各位發現到了「心」。

在愛與善的文字當中，應有著何種內涵呢？

關於愛，在「幸福科學」當中有著深奧的理論，但在此不作敘述。廣義來說，愛可以分成兩方面。

一方面是「小愛」；這是一種希望週遭之人、在自己人生的過程之中所遇到的人、為自己創造出生活環境的人，希望這些人能夠幸福的「愛心」。此為小愛，首先必須要掌握這小愛。

既然有小愛，就當然會有「大愛」。什麼是大愛呢？那就是希望超越個人的社會、國家、人類等如此巨大的共同體、大型組織，能夠朝著佛的理想之方向推進，如此之愛即是大愛。

能夠看到個別之人的臉龐的愛，即是小愛，而超越每個個人，強烈的企求那大型集合體、社會、國家、組織能夠變良善、祈求那大型共同體能夠變幸福，這即是大愛；各位必須理解到有這兩個種類的愛。

換言之，為了能說自己已經發現了己心，首先要發現到「愛」。在愛當中又有兩種，一個是問問自己是否有著希望自己週遭之人能夠幸福、進步的心願？另一方面還要問問自己，是否能肯定那超越個人的社會之理想？是否有著祝福人類幸福之心？是否有著祝福身旁社會、城鎮、國家的幸福之心？這就是首先必須在己心當中，發現到的兩個種類之愛。

此外，為了能說已發現了心，還必須要發現到「善」。若是對善這個問題，做深入複雜討論，會得出各種解釋，但在此同樣也分成兩方面來思考。

一個是「小善」；何謂小善？意即：「希望過著即使被他人看，亦不會感到羞恥的生活」、「不想過著會被他人批判的生活」。如此生活態度即為小善。這就是各位在進入社會後，所能感受到的最低限度的善。

對人來說，誰都不希望自己被他人看到時，自己會感覺到羞恥。一旦做了壞事，當被他人發現的時候，自己就會感到非常難受。能有著如此感受，對於人來說是非常重要的條件。如此具有消極意義的善，即為小善。這是一種在世間生活時，會顧慮忌憚世間眼光的心情。

那麼什麼是「大善」呢？這和先前的小愛和大愛的思路是相同

的。如果說小善是「盡可能不讓自己作惡、不讓自己遭受非難」，那麼大善的背後，就必須要有著偉大的理想。換言之，在超越了個人力量之惡的面前，在造成人類危機、妨礙人類進步發展等危險的面前，毫不膽怯、正面迎擊的態度，那即是大善。與上述的大愛相同的是，這和所謂的理想都有相關。也就是在面對大惡、社會之惡、國家之惡，以及人類之惡、時代之惡時，會凜然正視、勇敢面對之心，即是大善。

3．四個精神作用——感性‧知性‧理性‧悟性

以上說明了兩個大項，每個大項又各自區分出兩個小項。為了

能發現到心，就必須認識到愛與善。

「愛」和「善」是各位精神活動的象徵，而人的精神活動，大致可分為四個精神作用。

其一是「感性」，即指感覺，如手的感受、耳朵的感受、眼睛的感受等等。

此外，還有一種受到後天的影響，透過學習才開始運作的作用，那即是「知性」。知性是透過學習之後，其作用才開始變得明顯的。藉由各種各樣的學習，便會讓自己逐漸感受到至今沒有感受到的事物。

除此之外，還有「理性」，可以說理性比知性更加純粹。知性是累積各種各樣的知識並進行思考，相較於此，理性則是掌握事情的道理、脈絡的力量。換言之，理性可以清楚地區別正與邪、正確與錯誤、進步與退步，看穿事物脈絡。

唯有具備了知性的基礎，理性才能夠發揮出其本領。兩者之間有何差異呢？譬如，有人非常會讀書，但總是讓人覺得此人頭腦不好。明明那麼會讀書，為何不能做出判斷？明明那麼會學習，為何連這點事都不知道？有一些人即是如此情形。這就是起因於雖有知性，但理性不甚發達的緣故。若是有理性的話，就能夠清楚地判斷；但若是理性薄弱的話，不管學習多少，就是無法理解事情的關鍵。這就因為缺乏社會性的知性，因此無法看清世間之事。

在此之上則是「悟性」；這是有關人類的使命、靈魂的意義、佛心、大宇宙之法則等等的精神作用，不管是誰多少都有著悟性。若是悟性較強之人，則會想要在像是「幸福科學」的地方，深入學習佛法真理；而若是悟性較弱之人，其興趣就會停留在算命、占卜、手相、風水等等，由此處試圖感受絲毫的悟性。就像這樣，無論任何人皆具備著一點悟性。

這感性、知性、理性、悟性的四大精神作用，和之前所述的愛之心有相關的，是其中的感性及悟性。所謂的愛是很具情緒性的，並且很直覺的。換言之，愛和感性是非常相關的；此外，也和那有如天降而來的悟性有著關聯。

另一方面，善又和知性與理性相關。為了要判斷事物的善惡，就必須要進行學習，這是極具後天性的要素。

為了便於理解，我試著打一個比方。

假設某人帶著一、兩歲的幼兒到公園玩耍時，旁邊正好有個差不多同齡的孩子在騎三輪車。在那個孩子離開三輪車時，自己的孩子就會馬上去玩別人的三輪車。這是因為幼兒還不會區別自己和別人的東西，幼兒無法做那樣的判斷，只是想「自己也想要玩，等到騎在三輪車上的人離開後，自己就要騎那台三輪車。」

若是大人做出相同的事會如何呢？當看到別人開著豪華轎車，等到別人下車之後，自己就坐上車駕駛的話，那會變成怎麼樣呢？

那便是不折不扣的犯罪行為。

就像這樣，對於「自己想要那麼做」的想法，能否加以是非判斷，就有賴於後天的學習。人在學校接受教育之後，就會知道不可拿別人的東西，拿別人的東西是不好的事；這部分和知性、理性有關。首先做為前提，必須要透過學習來累積知性，之後還必須要具備做出許多判斷的理性；如此一來，人才會變成大人。

換言之，所謂的「善」的能力，也是包含了相當多後天的成份。各位的心，透過轉生於世間之後的學習，觀察世間所發生的各種事物，就會對於違反「善」，換言之就是對於「惡」，會出現非常敏感的反應。這就是和各位終於在後天覺醒到佛心的一個面向，也就是和覺醒到「善」有著關聯，人會逐漸具備如此作用。

當然，在靈魂之中本來就具備了善的要素，但是需要在成長的過程中予以發現。倘若無法充分地發現到善，那就有可能做出被視為惡的行為。

換句話說，為了要知道自己靈魂的本質，首先就必須試著觀察己心當中是否有著愛與善。當找到了愛與善，才能說發現到了己心。

4．墨子的愛善觀

為了讓各位更能理解愛與善，接下來講一個歷史故事。

距今約兩千五百年前，中國有一位講述愛的教義，名叫墨子

的有名思想家。在墨子的那個時代，中國尚處於各國諸侯相爭的局面。但是就在這樣的時代背景中，思想家墨子逐漸在各國聞名。

某日，在齊國的墨子忽聞傳言：「大諸侯楚國，欲侵犯相鄰的小國宋國。」情報確實、且十萬火急。墨子聽後大驚，急忙出齊國啟程趕到楚國，求見楚王和其軍師公輸盤；擁有高名的墨子自然得到了召見。

當時各國尚以城牆為界，用堅守城牆的方法防犯外敵，故想攻陷一座城池實為不易。但是楚國的軍師公輸盤發明了新式攻城兵器——雲梯。這個木制兵器形高似櫓，下有車輪，行至城下，從櫓的上端可直接進攻城上兵卒，也可攻擊城中。

墨子隻身入城，力說楚王。墨子道：「雖貴國有新兵器可攻宋國，但我知破解之法。」楚王笑曰：「以何而破？」墨子便拿出已備好的小木札和帶子做成模型解說。楚王聽後心十分動搖，一旁軍師打算謀墨子之命。墨子早有察覺，便一語道破：「你一定心想只要把我殺了，其方法就沒人知道了。但我在起程之前，已將這個方法告訴了我的弟子。即使滅我性命，但你們亦無法攻滅宋國。」楚王聽墨子這一席話，便放棄了進攻鄰國的想法。

墨子達成了目的之後，便又隻身踏上返回齊國之路。傍晚時分越過了楚國的國境，正打算穿過宋國時，忽降暴雨。墨子不及避雨，遍體淋濕。於是墨子走向附近的村落，來到村落的城門，請求

避雨借宿。然而，門衛見墨子形似流浪之人，便趕走了墨子。門衛殊不知此人是救國恩人，趕走了被淋得像落湯雞的墨子。

這是墨子的弟子記載下來的歷史故事。

以下是我之所以會想要講這個故事的原因；墨子在知道了大國要侵犯小國之時，為了拯救將受到侵犯的國民，而做出了行動。這種想要讓人們免受戰爭威脅，所興起的拯救之心念，那即是「愛」。隨之，墨子前往欲大舉進攻的楚國，說服國王和軍師，避免了戰爭。墨子義正詞嚴地指出：「侵犯行為違背人道。」以智慧取勝制止了戰爭，這即是「善」。

雖然最終看起來僅是一個行為，但其背後有著此人想要挽救人們免受戰爭侵擾的「愛念」，以及用實際行動阻止惡行發生的「善舉」；愛與善有著如此差異。

「愛」是溫暖體貼，想要助人的心願；而「善」則是試圖阻止惡行的心願，並使用智慧，付諸於實際行動。

5・心之偉大

以上以實例說明了愛與善，從墨子的故事，能讓人發現人心的偉大。早在兩千五百年前，就存在著如此的偉人。然而，當時大多數的宋國人，對於墨子知之甚少，也拒絕墨子避雨，把大恩人趕出門外。如此情事存在於各個時代，像墨子一樣的人也存在於各個時代。

換言之，發現到真實之心的人，其特徵是對於利害關係、對於是否能夠滿足自己、能否利益自己的心念，會變得非常薄弱；反而對於實現愛、善的理想的心念，會變得極為強烈。

這樣的人存在於各個階層之中，也存在於各個時代之中，當然也存在於各位讀者之中。或許有人在某個公司裡工作，為求公司的發展而貢獻一生。然而，此人會遭受到外來的誤解、週遭的批判，要到後來，眾人才有可能明白此人的偉大；又或許眾人依舊覺得：「少了這討厭的傢伙真好！」但雖是如此，對於這世俗的評價毫不關心、毫不在意，熟知己心而活的人，此人才是這世間之光。

三、心的平靜——反省之心與不動心

接下來要論述在邁向覺悟之道時，另一個重要想法：「心的平靜」。我認為要獲得真實的幸福感受，無論如何都需要維持「心的平靜」。

心的平靜是指什麼呢？這是指心如止水一般，沒有任何波浪。當心沒有波浪之時，又會如何呢？那就是己心不會出現焦躁的情緒，亦不會出現各種惡性念頭。曾經歷如此沉穩之心、靜如透澈湖面之心的人，可以說是窺見了幸福的本質。

從未探究過己心之人，是不會知道如此安然之心，實際上是近似幸福的。各位可以去看看週遭之人，總是繁忙不堪之人、總是惱怒傷人之人、總是惡口講人之人、總是牢騷不停之人、總是心生不滿之人，這樣的人距離幸福是相當遙遠的，這些人把心的圓融、安穩、平靜的幸福給捨棄了。不，與其說是捨棄，還不如說他們不知那就是接近幸福之物，在無知的狀態下而活。

心的安穩是非常非常重要的，雖然佛光是眼所不能見，但透過實在界高級靈所投射下來的光，除非有安穩之心，否則亦無法感受得到。當心維持安穩之時，幸福感受才會降臨下來，在某種意義上來說，那是佛光進入己心之時。當沉穩的佛光降臨之時，己心會變得圓融，並且會湧起自己能生於世間的感謝之心。

要維持心的平靜，必須做到兩件事，第一個就是各位所熟知的反省。

己心會起波瀾，一定有其理由。池塘之所以會起波瀾，大都是因為池塘內被投入小石頭。小石頭相當於什麼呢？那就是在一天當中，和各種人之間所發生的事情、他人的話語、或是對自我的評價等等。總之，心起波瀾，必有其原因。因此就必須要去追究那原因，追究現在自己的心到底為何動搖不定。

若是不明瞭原因，就無法解決；然而若是明白原因所在，要解決就不那麼困難了。

現在自己之所以會那麼痛苦，己心如此動盪，到底是一天當中的哪件事情？哪個想法所造成的？對此試著思索。並且再想一想，那是不是由於自己的錯誤所導致的？是不是自己的心念或行為所引起的？或者雖不是起因於自己的直接行為，是否自己有間接責任？回想一下自己是否犯了錯誤。

如果發現到自己有錯，那麼就要想：「這是自己的錯，不管是直接或間接，的確是自己的錯，今後絕不再貳過。」光是能如此思考，就足以讓己心的波浪平息，回復到安定之心。

但如果回顧今天一天，即便造成己心波瀾不止的原因，不在於自己，而是起因於他人的誤解時，也要如此思考：「若是在這事情當中有該學的東西，自己就好好學習吧！記取這教訓之後，就不要再讓己心動盪不安，找回心的平靜吧！」

這是普通的人每一天都該做的事，但其中也有一些事情，不是那麼單純就能平息下來。通常那都是各位肩負著重大任務或使命的時候，常常發生的事。當身處重要立場、肩負重大責任、遂行重大任務之時，有時就會遇到光是靠反省也無法收拾的事態。

當苦難、困難之事出現於眼前，有時人會處於一種不管選擇哪一邊，都會讓自己感到痛苦的情形。當需要二擇一時，雖然自己所選擇的一方，閃耀著金光，但在捨棄的一方當中亦金光閃閃；如此需要做出痛苦選擇的情形，不勝枚舉。

此外，有時會遇到不可抗力的大災難，又或者是大環境的劇烈改變、經濟動盪，致使自己一生的心血付諸流水，公司的經營無法維持下去。又或是遇到個人的力量無法抗拒之人的妨礙、中傷、批判，導致自己的前方之路受到阻礙。

當遇到了如此情況時，若只是靠回顧、反省一天的事情是不足以應付的。

此時需要什麼呢？即「不動心」。行船必會遇到疾風惡浪，要闖過難關就須具備不動心，這至關重要。而成為不動心的基礎，即「信念」。只要抱持著信念，就能以不動心征服驚濤駭浪，繼續前進。

這種信念從何而來呢？即源自於自己自信於找到了自身的正確之心。當自己確信自己的心覺醒於愛與善，並且是朝佛的理想前進時，此時就會萌發自信，進而形成信念。有如此信念為基礎，不動心才能發揮其力量。

另一方面，先前所說的反省，其基礎又是什麼呢？那即是「謙虛」。反省的基礎在於謙虛，不動心的基礎在於信念。有了「反省之心」和「不動心」，即使發生任何事態，亦能保持心的平靜。這就是守護著自己的「心的王國」，邁向幸福道路之一。

四、心的發展——希望和勇氣

以上是「心的發現」和「心的平靜」，接下來講「心的發展」。

或許有人對「心的發展」一詞感到有些陌生，或許有人會認為：「先前才聽你說心的平靜、讓己心不起波瀾、讓己心安穩的方法，現在的『心的發展』又是怎麼一回事？是要讓心開始活動嗎？如此一來和『心的平靜』又有什麼關係呢？」

在此我以「幸福科學」為例來說明。「幸福科學」在剛開始的第一年、第二年、第三年的時候，每年皆有大約三倍的成長；到了第四年，一年中猛增十倍。

若是逐步地成長，「幸福科學」的職員和會員都還可以維持心的平靜。但是從三倍急速成為到十倍時，便會產生許多工作、發生各種事件、出現各種抵抗，風阻力、水阻力就會變強。於是，若是想要安樂於己心的平靜，不要發展還來得好。若是慢慢地從兩倍發展到三倍，大家都還可以游刃有餘，總是讓心充滿幸福。

然而，為何當發展的現象出現時，我們會欣然地接受呢？

心的平靜畢竟還是個人的喜悅，每一個人各自的喜悅。換句話說，這很接近寺廟中的禪僧的喜悅。在遠離人煙的深山坐禪，可以求得心的平靜的喜悅，但要所有的人都這麼做，是不可能的。或許坐禪的人很幸福，但不可能讓所有人都過相同的瞑想生活。如此來看，坐禪的人選擇了自己的幸福，卻忘記了他人的處境。

自古有「小聖隱居山中，大聖宿於街中」之說，小聖人隱居深山，大聖人和俗人混居於街中生活。這是指小聖人求己心幸福，有了小悟即足矣；而大聖人和俗人同住，為了眾人的幸福，刻意選擇在困難的環境中修行。因此，我們也不能只單為自己著想，只要懷有一顆謀求眾人的幸福、公眾幸福的心，就不能夠否定發展。

因此，在追求心的平靜的同時，也必須要在一定的時間內，肯定那看起來似有矛盾的「發展」。我們必須要從發展之中，謀求幸福、覺悟之道。

那麼，在「心的發展」上，何為重要之事呢？對此我想要舉出兩點，一個是「希望」，一個是「勇氣」。

什麼是希望呢？我認為在心中閃耀著希望之光的人，終歸是確信自己是佛子之人。在確信自己是佛子、是鑽石、是鑽石的原石之人的面前，無論發生了多麼陰暗的事態、無論出現了多麼艱難困苦或悲哀的事情，此人內心依舊會閃爍著光輝，並抱持著希望。抱持著希望的人，能夠如此自我認識。

並且為了能夠抱持著希望而生，我認為更為重要的是要懷抱著對佛的信仰。活於灰暗情緒之人，自卑、自虐、發牢騷不滿的人，其特徵即是心中沒有希望。心中沒有希望的人，其特徵即是缺乏對佛的信仰。

即便發生何種事態，但如果始終相信這個三次元世界、這個地上世界乃為佛所創造的世界，佛認為這個世界是「美好」的，那麼世間終究會充滿光輝。持有信仰之人，都應該會有如此的發現。

當自己以淺薄之心觀察時，或許會感覺到某件事情似乎是在虐待自己、折磨自己。然而，持有信仰之人即會如此思考：「或許從更高的佛的角度來看，並不是這樣，一定有另一層意義。佛是以偉大的慈眼觀看人的輪迴轉生，人在幾千年、幾萬年，或更久的歷史當中，不斷地轉生於世間，並且於世間能過數十年的人生。在這段期間所發生的各種事情，都是對靈魂的一種鍛鍊，著實是令人高興的事。佛必定是希望自己的靈魂能得到進化，所以，厭惡世間、憎恨他人是錯誤的想法。這看似挫折的過程中，必定蘊藏著讓自己進步、進化之物，自己必須從中找出希望來。」

這就是對佛的信仰，也可以說是信賴，必須要對佛信賴、信仰。未懷抱希望之人，對佛即無信賴、信仰。

此外，在「心的發展」上，還需要具備勇氣。何謂勇氣？那即是決然判斷的意志之力。即便在各種的抵抗、阻礙之中，自己陷入不利之地，亦依舊能以堅定的意志之力，以行動衝破逆境，這就是勇氣。

前述墨子的故事，就是表現了一個人的勇氣。墨子隻身闖入即將興起戰爭的楚國，因為是隻身前去，所以很容易就會被逮捕。即便是被殺，也沒什麼好奇怪的。但是，本來是軍隊對軍隊的戰爭，但墨子一個人挺身而出，這就是意志之力。墨子抱持著希望，以意志之力、勇氣，阻止了戰爭的發生。而墨子阻止戰事發生的行為，那原本要被攻打的宋國人民，沒有一個人知道。但即便如此，墨子依舊為之，那是一個可敬之舉。如此帶有勇氣的行為，將會召喚來更大的發展。

在「心的發展」上，我講述了希望和勇氣的重要性，藉此能擴大靈魂的器量，增進各位靈魂的影響力、感化力，並使靈魂更加強健。

各位要脫離那種維持現狀、只要沒有煩惱就好的想法，在那充滿挑戰、躍動的環境中，滿懷堅定的希望，讓靈魂更加進步。藉此，不僅自己能獲得更大的喜悅，亦能引領更多的人走上喜悅之路、帶給人們超越了個人幸福的公眾幸福。為此，就必須要讓心有所發展，讓靈魂強韌、器量寬大，使影響力擴大。

五、名為覺悟的幸福

以上闡述了「心的發現」、「心的平靜」、「心的發展」，透過心的發現、平靜、發展所能得到的是什麼呢？即是名為「覺悟」的幸福。

我們所說的幸福，其實就是「覺悟」，覺悟的附屬之物即是幸福。我曾說過「幸福科學」是「覺悟科學」的別名，透過以上心的三個面向，我們就能知道這名為覺悟的幸福。

那麼，得到了這名為覺悟的幸福，其結果又是如何呢？那就是能知自身靈魂之使命，並且能夠完全地遂行其使命、讓靈魂完全燃燒；我認為這是非常美好的事。

因此，我想要告訴更多的人，這個我們現在所提倡的「邁向覺悟之道」，希望有更多的人能走上這條道路。希望學習「幸福科學」教義的人，能充滿整個世間。我想要讓所有的人，皆能走上這邁向幸福之道，這即是我的心願、佛的心願。

第四章

人生修行之路

一、高級靈眼中的世俗世界

任何事物都有其最初的原點，對於這最初的原點探知究竟極為重要。認識萬物的起源，即是認識自己；若能認識自己，就必定能知曉自己的未來。

各位在進行各種思考、行動時，有時會出現迷惑吧。此時請試著放下迷惑，回到原點。想一想：「到底我是為何而開始的？」於是，就有可能在眾多迷惑當中，理出頭緒來。

現今「幸福科學」也展開了多樣的活動，教義也橫跨多種領域，相信投身於其中的各位，有時會忘記到底最重要的是什麼？這個時候，就必須要再度回到原點思索：「到底我們的初衷是什麼？」

回顧過去，首先我在一九八一年三月，出現了靈性現象。最初是日蓮的靈言，其後出版了數本靈言集，開設了事務所，「幸福科學」運動就此興起。其間，我呼籲各位要「探究」、要「學習」、要「傳道」，而各位亦進行了各種活動。

然而，這些活動的起始出自於哪裡呢？那就是起始於那近乎世間奇蹟的事實，並且那來自於高級靈界的靈示，並非是我主動求得。對我來說，那是完全出乎意料的事情，亦是讓我的人生產生急速變化的事態。

從那之後至今已過了十幾年，其間「幸福科學」在鞏固基礎的

同時，亦十分謹慎地向前推進，此舉也讓持有良識的各位，接受了「幸福科學」。

然而，也因為十分謹慎的緣故，讓我們從一開始就耗費了相當多的時間。因此，當進入了大傳道的時期，要踩下油門就感覺到相當的吃力。但若是從另一個角度來看，也因為剛開始的慎重，讓後來鮮少出現偏差，並造就了其後的發展速度。

在我出版的第一冊書《日蓮的靈言》中，日蓮就曾明示：「你們所興起的運動，已不是陳舊的宗教運動，也與第二次世界大戰之後所興起的新興宗教有所不同，這是包含了哲學的幸福科學。世人要如何定義是其自由，但我們認為這是相當卓越的科學。」

世間所稱的科學，只不過是在我們生活的三次元現實世間中，在這有如庭園造景的世界中，進行研究、探究。

然而，「幸福科學」的科學，則是從現今住在高次元世界的靈人，其眼中所觀察的世界為起點。

「人類的科學，就好比是小孩在庭園中玩沙一樣。世間的人們雖然架起跨海大橋，讓飛機騰空飛翔，但是從上方高處來看，就好比是人類在庭園造景中，造假山、作山谷、蓋假橋一樣。人類即便想要測量宇宙有多大，但那就好比是測量庭園造景有多大一樣、就好比是螞蟻用自己的步伐去衡量一樣。三次元世界就是這般世界。三次元世界和我們的世界，是無從比擬的。」「幸福科學」的科學起點，就出自於如此的世界。

三次元世界就相當於東京巨蛋中的一顆足球，三次元大宇宙其實就好比是一顆小小的足球，而相當於東京巨蛋球場的，就是覺醒於靈性世界時，所看到的靈界宇宙。

再說那靈界宇宙不只一個，而是有好幾個。就好比全世界不會只有一個像是東京巨蛋的球場一樣，在無盡的靈域中皆有靈界宇宙。在地球當中，能夠進出於其中之人相當少，所以各位才會以為這個巨蛋球場就是整個靈界宇宙，並且在足球之中的探險，所得的結論也只是「不曉得宇宙是否有邊際？」

會那麼想也是理所當然的，若一直繞行於足球之內，是沒有盡頭的。雖沒有盡頭，但卻有其侷限。足球是有一定大小的，若僅是在足球內行走，哪裡都可以去得了，但卻有侷限；這就是各位所住的三次元宇宙的樣貌。

我常常有如此靈性體驗，那就是當我在觀看這有如足球般的三次元宇宙時，其衡量事物的尺度會變得非常的不一樣。平常各位所感覺到的龐然大物，在我看來卻是顯得渺小如點。但很遺憾，如此宏大的宇宙觀，是超越了文字所能表達的領域。然而，我依舊想要用各種比喻，讓各位多少能夠得到些許感受。

也就是說，各位必須從雲霧障目的狀態中覺醒過來。各位其實只看到了足球般大小的世界，卻自以為看到了廣闊的世界，並且陶醉於自己有了「先進的科學」、「已將衛星發射上了宇宙」。然而，即便不是從佛眼來看，光是從高級靈的角度來看，人們僅是步行、飛行於足球之內，並於無明暗夜中過著自以為是的生活；對此必須要對這有基本的認識。

二、活出主體的人生

我並非打算和各位講述那般嚴肅的話語，在高級靈的靈示降臨於我身之前，我雖然相信人死後將前往靈界，也相信靈魂的存在，但是在我實際經歷那樣寫實的靈界，看到許多活生生的靈性存在後，更完全堅定了我對靈界的看法。

姑且不論靈界存在的理由，也不談其好與壞，從過去就透過話語、文字所聽聞過的靈界，如今展現在我的眼前，又發現到自己死後就是會回到這樣的世界，不，當察覺到自己是從這樣的世界轉生於世間的肉體後，我震驚無比。

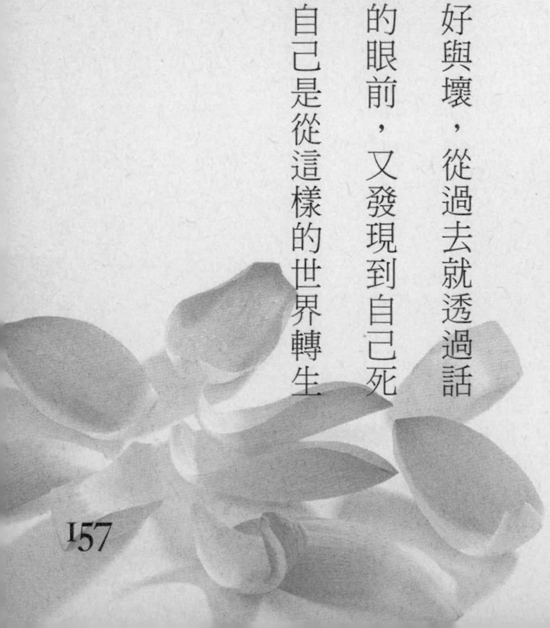

或許各位會對此半信半疑，但那是實際存在的事。在幼小的嬰孩身體中，寄宿著來自於靈界的靈魂、寄宿著在靈界中有大人意識的靈魂。並且當人進行了六十年、七十年、八十年的人生修行之後，還會再次回到靈界，那是一個不可思議的世界。雖是一個不可思議的世界，但卻是真實的世界。

那並非只有我這麼說，有許多人經歷了和我一樣的體驗，他們也會說相同的事。不只我這樣說，有同樣體驗的人還有許多，他們大都也會這麼說。無論古今、東西，皆有闡述這般的事實，即說明了人們經歷了相同的體驗。那不僅是理論、道理、比喻，而是不管是外國人或本國人，不管是古代人或現代人都曾經有過的相同體驗，那就表示靈界的存在是不爭的事實。

我在此並非是強求各位，要接受我如此的體驗和認識。而是想要闡明：「那是現實存在的世界，如何看待如此的現實，關係著各位能否過有意義的人生。」

如果認為人死後，一切即終結，那麼在死後真有另一個世界展開於眼前時，會感到不知所措，也就不足為奇了；這就是大多數人的樣子。然而，若是在世之時，即能確切地認識到如此事實之人，此人的人生就鮮少出現無謂的浪費。不止如此，還能抱持著非常具建設性、積極性的人生觀。

我亦是如此，我知道自己終究會離開世間，打從一開始我就知道了。所以我知道必須要度過在回到來世時，不會感到後悔的人生。為了讓自己不要在離開世間後感到後悔，我反推回現在進行思考：「若不進行如此工作，就無法說服自己。」雖然型態不同，但我相信各位也可以試著如此思考。

如果幾十年之後，或者是幾年之後，靈魂世界是真實地在等待著自己，各位現在會怎麼做呢？其實我是可以說出：「你還剩下幾年的肉體生命。」但由於這違反禮儀，故不會說出口。但實際上壽命是有限的，除了有一部份的例外，有些人會因為種種事態，而必須在世間活得更久一點，因而壽命有所延長。但大部份的情形，壽命皆已大概決定了，甚至死法也已經決定了。否則，人總是會對世間緊抓不放，不管過多久都不會想要離開世間，所以必定會有離開世間的安排。

當死亡不是發生在他人身上，而是發生在你自己的身上時，各位會做何感想呢？從今以後的人生要怎麼過呢？你是否會想要在這有限的世間修行期間，盡可能地進行靈魂修行之後，再回到來世呢？

若各位能夠做如此想，那麼不管碰到任何苦難、困難，都將不會感到害怕。反倒是在看到那些被視為苦難、困難的事情，或者是遇見自己不想碰到的事，你就會變得泰然自若，並且能夠心想：「終於出現應用題來讓我解答了。」這和每天漫無目標度日之人，所持的態度是截然不同。

我也是如此，雖然是發生了各種各樣的問題，但我總會將它視為這「人生習題集」當中的一頁習題，我總是會想：「自己非得解開這習題。」

累積如此經驗，漸漸地答題的速度就會變快。好比又遇見了三年前視為難題的事，但現在根本無須再為此煩惱一年，或許用不著一年，只要一天，或許還用不著一天，只要兩、三分鐘，就做出結論了。

如此之事還有很多；和一年前、兩年前、三年前的自己相比，或許就能發現其間的差異，這就是靈魂的進步。在進步的靈魂，必會遇到與其實力相當的難題，此時欣喜地予以接受是很重要的。

弘揚佛法真理也與此相同，畢竟時間不多，在那有限的時間當中，如何能夠徹底地讓所有的人和佛法真理結緣，這是一個賭注和挑戰。所以興起「要竭盡所能傳佈真理」的心願，也不會感到奇怪，這就是所謂活出主體的人生。

人生，不能老是被動地接受結果，而是應該要主動地讓人生閃爍光芒。

三、靈性指導與附身

然而，在飛機、電車、飯店裡，或是在路上，當我接觸到那些尚未與我們結上法緣之人，聽到他們的說話內容時，我深切地感受到：「這些人的世界觀竟是如此不同！難道就真的抱持著如此想法，而終了一生嗎？」

在世間有很多人，就連這是否為自己的意見都搞不清楚，真是讓人感到不可思議。

有各種各樣的靈，時而會附身於人，時而會指導人。這是發生於現實的事，各位應該也時有耳聞。

所謂會前來指導人們的靈，通常都是和此人最有緣的守護靈，或者是雖無直接的緣份，但必須對此人進行指導的指導靈。除此之外，早先過世的友人，或有著優秀修行經歷的前兩、三代的祖先當中，也會有人從靈界當中送上支援；這即是指導靈的一種。

除了這些會給予人們良性影響的靈之外，相反的，也存在著許多惡靈。單從給予世人影響的數量來說，惡靈占有絕對的多數。

實際上，初次見面便能感到此人接受著守護靈的守護，或接受著高級靈指導的人，十個人中未必能有一個，在百人當中能有兩、三個即算不錯了。反之，在十個人之中大約會有七、八個人，正遭受著惡性影響。

譬如，有數千人來參加我的某個講演會，然而，實際上的聽眾不只那數千人，因為這些聽眾的守護靈和附身靈也在一起聽。當然有人的守護靈會來一起聽，但是七成或八成的人，都是帶有著附身靈。附身靈的數量，少則一個，多則五、六個。（一個人能夠養的附身靈有其極限的，故不會一直一起同處於一人身上）平均起來，多是兩、三個附身徘徊於一人身邊。這也就是說，聽眾的數量有實際人數的幾倍之多。

我在各地講演，之所以會有疲勞之感，是因為實際上有更多的聽眾在聽的緣故。我每次的講演，皆在驅散惡靈；通常惡靈聽了講演，就無法在附身於此人身上，一般連一個小時的講演也無法聽下去。

一般來說，附身的惡靈多是長期逗留在同一個人身上，五年、十年過去之後，此人的個性就會變得不知是惡靈的個性，亦或是自己的個性，其影響會變得相當的大。

對於如此惡靈，必須要予以擊退。雖然擊退之後，還是有可能會再返回，但必須要讓此人體會到那種沒有被惡靈附身的感覺。當惡靈離去時，其心情會變得非常光明，就好比雨過天晴、久逢晴空的感受。此外，至今非常沉悶之人，也會突然開始說俏皮話，臉龐出現紅潤血氣，表情變得愉悅，週遭的人還會問此人：「你遇到了什麼好事了嗎？」這就是惡靈脫離的瞬間。在各位當中，必定有人曾有過如此體驗。

四、透過學習真理補充光能

此外，即使我不在場，我的法話錄音光碟，依舊能發揮出很大的靈性力量。一個是閱讀法話的文字書籍，一個聽聞法話的錄音光碟，兩相比較，錄音光碟的力量大於書籍三倍左右；而實際前來聽聞法話講演會，又比錄音光碟多出兩倍的力量。如此相乘計算，實際聽聞法話，比閱讀書籍有高出六倍左右的價值。

過去有一部名叫《大白鯊》的電影。電影裡的大鯊魚，光是用一支魚叉是射不死的。射了一支、兩支、三支的魚叉，又綁上汽油桶，但鯊魚依舊拼命地潛入水中。直到不斷地發射魚叉之下，終於鯊魚浮出海面。

與此相同，附身在各位身上的惡靈，必定被打入了魚叉。若是只被一個惡靈附身，有時只要一支魚叉就足以應付，但有時被惡靈附身的數量因人而異，若是被好幾個惡靈附身，就沒有那麼簡單了。然而，若是接連打入一支、兩支、三支的魚叉，惡靈必定也有其極限，最終必將逃離投降。

雖然這尚未確立出方程式，但需要使用多少力量、使用多少支魚叉，便可驅除掉惡靈附身，這用靈界物理學應可建立起計算式。

首先，附身於此人身上的惡靈，有其一定的念力能量，接下來是附身於此人已多少年。根據慣性的原理，此惡靈附身於此人多少年？其力量又有多少？和此人有多少程度的關係？就可以得出到底要注入多少光明，才能使惡靈退離；應該可以得出如此的算式。

現在很多英文會話補習班，流行「你只要聽多少小時的課，英文分數就能提高到某某分」的說法。而在佛法真理的世界當中，「你反覆閱讀幾本書，持續學習幾年，就能達到如此境界」、「你只要參加幾次講演會，多少的惡靈就會離你遠去」，這樣的方程式一定存在。如果能夠將此寫在每個人的聯絡本上，那麼學習起來就會變得非常方便。

每個人去找出自己固有的算式是很重要的，希望各位能夠進行自我確認，不要用自己的角度，而是用他人的角度來觀察自己。

若是不擅長考慮複雜的事，可以問問也在學習佛法真理的兩、三個朋友，問問他們：「你覺得我怎麼樣？你覺得我有被惡靈附身嗎？」、「如果被附身的話，被幾個靈附身？」假若對方的回答是有兩個或三個惡靈的話，其平均值即是二點五，也就是大概有兩、三個惡靈在身邊徘徊。詢問三個人左右，所得出的平均值大多是比較準確的。之後，還可以繼續問對方這些惡靈大概的厲害程度。

詢問完之後，接下來就該思考：「若是自己被如此惡靈附身，那麼要做多少的學習，才有可能消除這些惡靈？」若是自己大概知道了要做何種程度的學習，接下來就要以此為基礎，具體擬出學習計劃。

譬如，在新年之際，可立下如此計劃：「我在今年上半年要脫離惡靈的附身，在下半年要能夠接受守護靈的靈感，而在明年開始要能夠接受到指導靈的援助。」如此一來，就能建立起學習計劃。

就像這樣，即便是學習真理，也存在著非常合理、科學的想法。即便是從人的角度來看，是十分不合理的靈界世界，但既然是同屬於佛所創造的世界之中，那麼就必定有其一定的法則。只不過，那法則不為三次元的人們所理解。

譬如，在燃燒燃料時，若是氧氣不足，即會導致燃燒不完全，進而產生一氧化碳。若是人吸入了過多一氧化碳，就會陷入呼吸困難。然而，若是在燃燒時有足夠的氧氣，即能完全燃燒。既不會產生一氧化碳，也不會導致死亡。

同樣，如果用高次元的法則，來看待惡靈或地獄界的話，可以推測或許地獄產生了燃燒不完全的情形。因為缺少某種要素，以致人的靈魂沒有完全燃燒，導致發出一氧化碳，冒出黑煙，漆黑一片。因此，為了使其完全燃燒，就必須加入氧氣，如此就不會冒出黑煙了。

我認為這可以得出算式來：由於沒有做過地獄人口調查，無法正確地掌握地獄當中有幾十億人口，但若是有三十億或五十億的人口，其所需要的光能，到底會是多少呢？為此，首先就必須得出地獄界之人的一般平均值，而後再思索如何讓這一般平均的地獄靈離開地獄。

譬如，若是由我直接訓諭一般的地獄靈，使其能離開地獄，大概要花多少時間呢？首先必須要徹底指出此人過去的錯誤，使其反省，並開出處方箋，令其如此這般地去做；平均要花一個小時的時間。但實際上我沒有那麼多時間，去一一說服那幾十億的不成佛靈。然而，若是將我直接去說服的一個小時，換算成光的能量的話，又會是如何呢？

假設此人有著較高的理解力，大概讀了差不多十本左右我寫的佛法真理書籍，光明即會進入，惡靈自會脫離。但若是理解力弱的人，就還必須去聽容易理解的講演，參加講習等等。若是理解力特別薄弱之人，完全跟不上我所講的話，那麼就必須請自己的前輩，或者是有一點悟境的人引導。累積了某種程度的佛法真理知識後，再去聽聞較高度的教義，就漸漸能夠理解了。

如此算式是能夠成立的；假設有三十億的地獄靈，若我花三十億個小時一一說教，是可以使其離開地獄的；但實際上是行不通的。那麼該怎麼做呢？可以將我的法話，收錄於光碟，或編撰成書籍等等，藉此讓更多的人聽聞、閱讀；或者是藉由培育講師，讓講師將光明注入於其中。

因此，在「幸福科學」的活動期間，譬如四十年、五十年的期間，能夠產出多大的光明、能夠建立怎樣的光明供給系統，即決定了地獄界的消失與否，或減少了幾分之一；這是一場極為科學的戰鬥。

如果時間容許，被一、兩個地獄靈附身的人，我可以個別說教，去除掉那些地獄靈。但很可惜地，實際上這樣的人數量龐大，所以是辦不到的。而我面對眾人講演、發行書籍，根據聽眾或讀者的差異，能夠去除掉多少惡靈亦是因人而異。然而，若是此人知曉了真理，並以此為機緣，自己持續學習的話，那麼即能得到相當程度的光能補給，有時就能消除惡靈的附身。

這並非是指他人的事，而是和各位每一個人皆有關係。現在在讀這本書籍的並非僅是你一個人，在你身旁還有一個人、兩個人、三個人。現在我已經打入魚叉了，但這魚叉會漸漸鬆動，務必要在尚未脫落前，再持續打入魚叉。如此接連打入魚叉的過程中，惡靈必定會脫離。

五、現代的佈教方式

人常說「菩提心」，而這追求覺悟的修行，其實在其背後有著上述科學的算式為根據。

當光明的大指導靈降臨世間時，亦有其在世間的時限。此外，此人亦有其能夠發揮的能量總量。所以，現今人口增加非常的多，即便是光明指導靈降臨了世間，光是靠一個人的力量，也無法拯救所有的人。於是便必須建立符合現代，並且是具備了合理且高速度的系統，否則就無法成就救世的目的了。

早在千年以前，弘法大師在日本的四國地區，為了佈教建立了八十八所寺院，讓人們得以巡禮。即便當時可以這樣做，可如果弘法大師在當今佈教的話，我想，他或許不會使用同樣的方式了。

那個時代人口雖然少，但人們卻有著篤實的信仰心，與現代相比，當時人們的煩惱多是較單純的。就是在如此背景下，弘法大師建立了八十八所寺院，創立了那般的傳教系統，當時的確因此拯救了許多人。然而，現今即便有那麼多寺院，現代人這般忙碌，無法去參拜那些寺院。假使想要參拜全部八十八所寺院，就必須向公司請長假。大部分的情形，自己還在參拜某個寺院的途中，就會被公司炒魷魚，回到公司時連自己的座位都沒了。所以，很遺憾地，那樣的佈教系統已不符合現代人的修行了。

於是，就必須想辦法讓忙碌之人也能進行修行。為此，「幸福科學」的會員將書籍送給有緣之人，進行各種傳道活動。若不這麼做，就無法將真理傳遞給每一個人；若不主動創造讓人們接觸真理的契機，就難以讓每一個人認識到真理。

所以，在現代必須要在全世界各大城市建立支部、精舍，在各地舉辦各種活動，因為很可惜地，現在還沒有辦法讓每一個人皆能到聖地巡禮。

此外，社會中疑心深重之人也在增加，為了這些人，也必須思索許多的方法。為了得到世間眾人的認同，我們必須興起高格調的傳道活動，若是不這麼做，就難以讓疑心深重的人們相信。所以現代的佈教方式，其難處就在於此。

若是能如此思考，應該就能夠漸漸理解，為何「幸福科學」會展開各種各樣的活動。

假設在十個人當中，有七、八個人受著某種靈性作用影響，首先第一步就是要讓這些人在世之時，遠離惡靈的影響。這是非常重要的事，首先必須要拯救還活於世間之人。為什麼呢？因為他們現今還在世間進行靈魂修行。在這個三次元應該拯救的對象，是活在這三次元中的人，這就是世間的意義，必須要先拯救這些人。於是，在這三次元世間脫離惡靈影響的人，死後就不會墜入地獄。這就是第二步。然後，地獄的人口就會逐漸減少。減少之後又會如何呢？惡靈逃到三次元，或附身在活人身上的情形就會跟著減少。再於是，三次元當中迷惘的人也會逐漸減少。

反之，如果活於三次元之人的靈魂，往覺悟的反方向前進的話，被地獄靈附身的情形就會增加。因此，這又會讓在地獄裡的人惡上加惡，越來越無法離開地獄。被附身之人在離開世間後，亦會墜入地獄。於是，地獄人口又增加，跑到世間附身在世人的附身靈也增加；如此一來，地獄的領域就越變越大。

若是將方向轉向善的一方，那麼善的循環即會開始；若方向是轉向惡的一方，那麼就會惡上加惡。所以必須要改變那結構，切斷那惡性循環，改變那流動的方向。為此，盡可能地讓世間之人覺醒於真理，為其先決條件。

這就是之所以要「傳道」的根據。雖然傳道一詞聽起來很古老，但為了人類（也包括回到來世之人）的幸福，就必須要開始著手努力。那麼我們該從哪裡開始著手呢？那就是先拯救活在現代之人。首先必須先注入一道光芒，讓人們有所察覺。若是此人能察覺到這道光芒，接下來就可以靠自己的努力，讓自己發光、發亮；這是極其難能可貴的事。

正是為了造就如此機緣，我才會在各地講演、出版各種書籍、呼籲各位會員要努力傳道！

六、以提升宗教界為目標

所以，我們所說的傳道活動，全然有別於世間追求利益的公司所做的銷售訪問、契約簽訂、推銷貸款。對此請各位切勿搞錯，這在根本上截然不同。

世間的公司破產之後，必定會有其他的公司來彌補空缺。也許自稱本公司獨一無二、無可代替的人有許多，但在實際中少了這樣的公司後，人們也未必會因此而感到困惑。在這種競爭的社會中，市場的空隙必定會被填補的，那只不過是企業競爭結構中的一個組成部分而已。

然而，反觀宗教界，很可惜地，至今還沒有出現能夠成為與「幸福科學」競爭的團體。我是有著寬大的胸襟，若是出現了相同的團體，我是很想要說：「好！看看哪個團體能夠使更多的人幸福、能拯救更多的人。一同大大地競爭吧！看看哪個團體能夠引導更多的人吧！一起來努力吧！」但很遺憾地，現實當中沒有如此團體，反倒是一堆讓人們不幸的宗教。

在企業界當中，若是一家公司靠販賣漏氣的輪胎為生，那麼這家公司是經營不下去的。販售會立刻消氣、引發交通事故的輪胎，這家公司是無法繼續生存的。然而，在宗教界中，由於人們無法以肉眼確認，以致這樣的生意是可以行得通的，這是一個非常嚴重的問題。

所以，我不講述不可思議的話語，而是盡可能地讓「幸福科學」的教義明確化。並且，為了讓現代人能夠運用知性和理性加以理解，我盡量讓教義教科書化。

藉由教義的明確化、教科書化，很明顯地必定會和其他的團體，於思想的世界當中興起競爭。但這就是我期盼的，我期望能夠淘汰掉粗俗的組織。除非這麼做，否則宗教界是得不到淨化的。「這才是正規」、「這才是正確」的競爭必須要確立才行。

假若出現了模仿「幸福科學」的正當團體的話，我認為是件大好事，出現這樣的競爭團體是有益的，而且我希望有更多這樣的團體出現。「這個方法不是更好？我們要讓你們知道，我們比你們更能讓人類幸福！」如此互相切磋琢磨是很好的，不這樣做是不行的。

這個世界是個各自唯我獨尊、排他性的世界，這個「排他」不僅是排除他人，還認為只有自己是對的。不去理解、觀察他人，目光當中只有自己，只想要建立只有自己的世界，並且，認為唯有自己的想法才會通向天國。但不能再繼續這樣下去了，必須讓那些陰暗面曝光，要讓那些賣惡劣輪胎、惡劣車子的地方，不能繼續銷售下去，讓那些生產優質品的地方能夠為人們接受，我就是想要創造如此的世界。

現今日本有近二十萬個宗教團體，講老實話，我認為剩下三、四個團體就夠了，其他的團體，說清楚一點是不需要的。當然，我認同那些背負著過去的傳統、保護天然文物和國家重要文化遺產的團體的存在意義。但是屏除掉繼承文化遺產，「是否能夠在現實中讓人心幸福？」、「是否能真正地拯救眾人？」若是從如此觀點來觀察宗教時，大多數的團體是應該消失的。對此我認為該予以明確化。

為此，我希望聚集於「幸福科學」的每一個人，都能抱持著明確的思想，採取明確的行動模式。除了要維持要自己強勁的驅動力，在他人的車子拋錨時，還具備著能夠牽引他人的馬力。

今後，我想要持續讓世間變善。那麼，為了在一定的時間內讓世間得以變善，要怎麼做才好呢？首先，齊聚於「幸福科學」當中之人的「質量」與「數量」是其關鍵。若能在短時間內，能提升

「質量」、增加「數量」是再好不過的事了。

所以在「幸福科學」中，學習和傳道這兩方面都是必要的。學習是提升質量的行為、傳道則是增加數量的行為，唯有兩者相輔相成，才能使世間變善的速度提升。

當「充滿光明的人生」、「充滿光明的世界」展現出來時，便成就了此次的烏托邦運動。

後記

就在十年前，宗教還極其不受重視。如今我們為了將宗教回復到應有的樣貌，進行了許多努力，並且已漸漸取得成功，宗教的時代已經到來了。

我不想讓此次宗教熱潮只被視做為一時的現象，「幸福科學」的目標，是要成為日本的精神支柱，並成為全世界的屋脊。

因此，「幸福科學」不是什麼新興宗教、新宗教或新新宗教，而是先進宗教（Advanced Religion）。「幸福科學」的活動目的，在於為人類保證美好的未來。

幸福科學總裁
大川隆法

What's Being 016

悟 道

作者：大川隆法
總 編 輯：許汝紘
副總編輯：楊文玄
美術編輯：楊詠棠
行銷經理：吳京霖
發行：楊伯江、許麗雪
出版：佳赫文化行銷有限公司
地址：台北市大安區忠孝東路四段 341 號 11 樓之三
電話：（02）2740-3939
傳真：（02）2777-1413
www.wretch.cc/ blog/ cultuspeak
http://www. cultuspeak.com.tw
E-Mail：cultuspeak@cultuspeak.com.tw
劃撥帳號：50040687 信實文化行銷有限公司

印刷：漢藝有限公司
地址：新北市中和區中山路二段 315 巷 8 號 2 樓
電話：（02）2247-7654

總 經 銷：時報文化出版企業股份有限公司
地址：新北市中和區連城路 134 巷 16 號
電話：（02）2306-6842

2011 年 4 月 初版
定價：新台幣200 元

國家圖書館出版品預行編目資料（CIP）資料

悟道／大川隆法作；初版——臺北市：佳赫
文化行銷， 2011.04 面； 公分
——（What's vision；19）
ISBN 978-986-6271-40-3（平裝）

1. 死亡 2. 靈界 3. 靈魂

215.7 100004564